Les phrases
qui parlent à mon cœur

Du même auteur

La parole qui éclaire votre chemin, 111 Verbes pour changer votre vie,
2013.

La parole qui éclaire votre chemin, Tome 2, 2017.

Jésus mon coach, 2019.

La parole qui éclaire votre chemin, Tome 3, Élévation et Guérison, 2020.

*La parole qui éclaire votre chemin, nouvelle édition, suivi des Verbes de
l'Âge d'Or,* 2021.

Philippe David

Les phrases
qui parlent à mon cœur

Éditions Stellaire

Couverture
Aurélie Rambeau

Photos de l'auteur
Géraldine Stebler

Conception graphique
Gilles Arira

Relecture vibratoire
Virginie Ponchant

À tous ceux qui sont « différents », n'en ayez jamais honte, n'en faites pas une cause d'infirmité. Bien au contraire, bénissez votre essence originelle… et cultivez-la ! Car si le « vieux monde » ne l'apprécie pas, votre différence est, en réalité, sa force !… Et sa lumière de demain ! Même si, souvent, il n'en a pas encore conscience…

Mes très chers Amis,

Je vous propose dans ce livre un voyage vibratoire, de phrases en phrases, qui sont, pour la plupart, tombées du ciel !... Et dont l'exploration n'a d'autre finalité que la rencontre avec le cœur de l'Être.

Autant de formules chocs, tendres et poétiques, délicates ou étonnantes qui apparaissent au fil de votre lecture, ou se dévoilent « au hasard » d'une page… comme des sources de méditation qui transmettront, comme je vous le souhaite, avec plus d'évidence encore, à votre conscience, ce que la Vie vous murmure en secret…

Bon voyage vers Vous-même, dans l'avènement de votre réalité, la plus glorieuse et manifestée.

Qu'il en soit ainsi !

Philippe David - 2021

Comment puis-je espérer des autres qu'ils se libèrent, si je ne le fais pas moi-même ?

Je me souhaite la bienvenue.

Je prends conscience que TOUT part de moi.

Le pire, comme le meilleur…

Le monde est mon exact reflet.

Dès lors, je rentre en mon for intérieur pour reconnaître et transmuter tout ce que je désire modifier à l'extérieur.

Car il est bien temps de ne plus être une victime.

Voici venu le temps d'être Majestueux !

Je me sens prêt pour un beau voyage, parsemé d'aventures inédites.

Le Supra-humain est la Vie.

C'est la Victoire *suprême, face à la nuit.*

Donner *est* le secret.

La réalisation de mes désirs passent par la porte du secret.

Où est cette porte ?

Elle est en moi ! Logée en mon cœur sacré.
Je l'ouvre !...

Et là, je découvre cette grande vérité : plus j'apporte des éléments à la Vie avec mon cœur, avec mes pensées les plus hautes et mes affirmations les plus justes, plus cette vie me répond, dans un écho bienfaisant.

Si je ne me sens pas très bien, je songe, aussitôt, à me connecter à des êtres qui ont besoin d'amour, et qui pourront être réchauffés de mes douces attentions…

Sur le vif de cette résolution bénie par le Très-Haut, je sors de ma léthargie et j'effectue moult actions spontanées, en donnant belle matière à bonheur, aux âmes croisées sur le chemin.

Simplement, j'agis envers elles, comme j'aimerais que l'on agisse envers moi…

…et, soudain, je me sens tellement mieux !

Lorsque j'accepte mes faiblesses,

je suis beaucoup moins tenté de juger celles des autres…

Est-ce l'espoir qui me domine ou la résignation ?

J'ai toujours senti qu'une autre existence était possible.

Une vie plus belle
        plus riche
        plus fluide
        plus simple et légère...

Une vie plus bénéfique et joyeuse !

Cette Vie est en Moi.

Je la respire et je la manifeste, maintenant !

Il est hors de propos de me voir parasiter, ralentir ou même amoindrir.

Il est hors de question de me laisser abattre par de simples faits !

Mes ressources sont INFINIES ! Et je suis le Maître d'œuvre des circonstances de mon existence, que je modélise à mon gré, dès que je connecte à toutes mes facultés de création, qui peuvent engendrer ma nouvelle réalité !

Tout peut changer, quand mon souffle primordial me reconnecte à ma Lumière intérieure.

Si je suis connecté au Tout en Moi...
Plus que cela, il n'y a rien !

La Vie est ce que j'en fais.

Ce monde me fait croire que tout est joué d'avance.

Alors, qu'en réalité, tout se rejoue à l'infini !

Je décide de ne plus fréquenter « madame inquiétude » et « miss angoisse », les deux cousines paralysantes !

La pression familiale ou l'emprise sociétale, ne peuvent contenir indéfiniment mon âme, à l'écart de son expression naturelle...

La vie n'aime pas trop être enfermée dans un bocal.

      Alors, je sors !

Je m'émancipe et je m'exprime comme un être libre !

L'être que Je Suis.

N'oublions pas que j'ai les pouvoirs que je m'octroie, et que je m'autorise.

Ne m'en voulez pas.
Mais je préfère, de beaucoup...
que ça en vaille la joie
... plutôt que la peine !

La Force est en moi.

Je me sens faible, sans énergie ?

C'est que j'ai négligé les aspirations primordiales de mon âme !

Je les retrouve… je les revendique… en les décrétant, haut et fort, par mon Verbe !

      Puis, je les mets en mouvement.

Et voilà, qu'à nouveau, l'énergie et la puissance sont miennes !

Je suis Mon Allié, si je parie sur ma nature réelle, et si je suis la Voie saine des constituants divins, favorisants mon équilibre.

À chaque fois que je sers mes intérêts justes, et que je rends prioritaire mes valeurs les plus essentielles, je me dynamise INSTANTANÉMENT ; et je reprends ma route avec confiance.

Contrairement à ce « qu'ils » pensent…

     L'éveil n'est pas un phénomène de mode.

C'est un processus d'élévation des consciences…

       irrésistible !

La douleur n'a pas une raison absolue d'exister.

Si elles souhaitent se manifester, je désire entendre ces parts de moi qui souffrent.

En leur accordant de l'attention aimante et en les baignant dans une douce Lumière, je peux évacuer toutes ces anciennes scories qui ne me sont plus indispensables.

Ce n'est pas parce que je n'ai pris qu'un chemin, qu'il n'y a pas d'autres voies.

Ce n'est pas parce que je n'ai connu qu'une musique, que c'est la seule qui se compose dans l'Univers !

Changeons de gammes.
Changeons d'air.

CHANGEONS DE VIE !

Il y a des territoires merveilleux à explorer. Des paysages divins à découvrir. Des êtres merveilleux avec qui partager, rire, et avec lesquels savourer le donner et le recevoir, en parfait équilibre !

Un souffle nouveau m'appelle…

Je m'ouvre à Lui.
Je l'inspire avec FORCE !

Je l'accueille pleinement en moi, et je laisse sa vibration modifier toutes les structures et modalités de mes énergies.

Aujourd'hui… je m'offre à la Vie !

L'Amour, ce n'est pas la sensiblerie, mais la mise en action du Bien.

Je fais ce qu'il faut, pour me sentir bien.

Je ressens que beaucoup de mes attitudes sont des négations de moi-même.

Des suicides lents.

Ne pourrais-je pas m'aimer, un peu plus ?

Ne pourrais-je pas renoncer à ce qui ne m'apporte que de petites satisfactions, et aucune joie profonde ?

J'ai le courage de transformer, pas-à-pas, mes compulsions négatives en véritables gratifications personnelles.

Je deviens, pour cela, innovant... et je trouve dans le Verbe sacré toutes les ressources inespérées !

Je me sers des émotions de mon histoire, comme des appuis d'élévations…

Je les canalise pour les mettre à profit de merveilleuses créations, dont je serai bientôt le dépositaire.

Plutôt que de répéter des réflexes neutralisants ma vitalité, je choisis d'opter pour la fidélité ABSOLUE envers mon être !

L'authenticité est la garante de mon respect.

Le pardon est la plus grande force du monde.

Cessons la lutte.

Sortons du tumulte.

Plus en moi, de rancoeur.

Grâce au pardon, je sors vainqueur.

Le pardon, c'est la Voie de mon avenir.

Alors, je ME pardonne avant tout.

Je m'accepte, et je me choisis.
Comme Je Suis...
Et je me remercie, d'avoir choisi.

Oh !... Voilà que j'aperçois, enfin, l'ici et maintenant !...

Ah, mon Dieu ! Comme il est beau, et comme il est GRAND de savourer ce moment présent !

Ils étaient venus à nous, par intérêt.

Et en sont repartis avec des dommages !

Réchauffe cette pierre que tu as à la place du coeur.

Je rentre en conscience dans le centre de mon être, dans ce lieu intime. Et je le nourris de toute la chaleur, de toute la douceur, dont je dispose. Je m'accorde toute l'attention, l'amour inconditionnel, et la reconnaissance que je mérite.

Je respire et je visualise cet espace en Moi, au niveau du cœur, et je le nourris. Je le remplis d'une douce et chaude lumière orangée. Je me réchauffe encore et encore...

Ainsi, de façon autonome, je m'équilibre !

Je sors de toute forme de dépendance et d'attente extérieure.

En éclairant chaque jour mon être et en prenant soin de lui, je peux ensuite inspirer aux autres, la Voie de leur propre réconciliation.

Les plus beaux cadeaux sont à portée de cœur !

Tout est possible, quand le désir est suffisamment puissant.

Mes désirs sont le moteur de ma Vie.

Ils me donnent de l'énergie.
Ils me portent, chaque jour, vers un but plus glorieux.

Je n'en réfute aucun.

Au contraire, je comprends que mes restrictions habituelles ne sont souvent que mes désirs bafoués, par mes formes-pensées et mes croyances.

Je visualise mes RÊVES déjà réalisés ; et je sens alors, ô combien, mon corps et mon coeur vibrent d'une belle énergie ! Je laisse cette vibration me guider, me porter.

Toutes les barrières, toutes les limites s'effondrent, quand les impulsions intuitives viennent du coeur ! Car, tôt ou tard, elles se réalisent, comme des évidences.

J'écoute cette phrase à plusieurs niveaux :

Je fais TOUT, avec un désir, qui émane de mon âme.

Qu'est-ce que le sexe, sans plénitude ?

Hier encore, je croyais que le sexe était vil, je croyais qu'il était sale...

J'étais prisonnier !

Pourquoi avoir peur du sexe ?
Pourquoi avoir peur de la Vie ?

C'est être contre moi.

Désormais, je suis dans le camps de la liberté et de la JOIE...

Je dis oui au sexe !
Oui à la jouissance...

OUI à la Vie !

Sans retenu et sans peur, car le sexe est une bénédiction inouï.

C'est un bienfait naturel, divin.

Voilà pourquoi, il est bien plus beau de le vivre en plénitude, de façon saine et respectueuse, dans toute sa dimension sacrée, originelle.

Je ressens, de plus en plus, que c'est par une conscience désintéressée... que ma sexualité trouvera sa dimension la plus élevée.

C'est dans l'amour célébré que je serais comblé !

Un toucher en présence peut transporter plus
que n'importe quel mécanisme de plaisir.

Je prends l'Amour au sérieux.

Sans l'Amour, tout est malentendus, ombrages et déroutes...

Si je mets de côté les broutilles de ce monde... que reste-t-il ?

L'AMOUR !

Si la vie va de travers, c'est toujours l'amour, la part manquante !

C'est le moteur de l'existence, la force Suprême, qui fait tourner les mondes.

Alors, mettons-le bien haut, en premier, dans nos priorités.
Ne soyons pas mesquins.

Car c'est de l'Amour que tout découle.

Et c'est à l'Amour que tout reviendra.

C'est l'essence même.

Quand on aime, peut importe les couleurs, les références convenues, les obstacles d'une société dite responsable, tout comme les terrains usuels et rassurants, car…

L'Amour n'a pas d'âge, ni de frontières.

Il est pure vibration !

Qui suis-je ?

Comment le savoir ?...

Eh bien, je dois commencer par ne pas laisser certaines personnes le décider pour moi !

Le vrai défi de l'existence est de ne plus être le fruit du choix des autres.

Comment l'on me perçoit ?... Est-ce là, l'important ?

La voie est-elle de me parodier, de me policer pour ne surtout pas déranger, en me plaçant au diapason des critères de la platitude ambiante, ou n'est-elle pas plutôt de suivre ma promesse personnelle, en affirmant de toutes mes fibres mon identité ?...

Ce n'est pas parce que je suis prétendument incongru aux yeux des autres, que je dois changer... je dois changer, seulement, si je ne suis pas heureux !

Mais si je suis incompris par la foule… j'en fais ma FORCE !

J'affirme ma singularité et je la vis, non pas comme un handicap, mais comme une chance et un privilège que la vie m'a donnés.

Et si j'étais un visionnaire
Un Roi
Une Reine
Un génie…

Et si, c'était cela, que je suis...

… un DIEU ?!

J'ai de la chance.

Oui, j'ai de la chance !

Car la Vie sert mes intérêts, en dépit parfois… des « apparences ».

Elle cherche juste à me guider vers ma Lumière.

Je peux être en colère contre elle, et faire du tapage.
C'est mon droit.

> Mais, tôt ou tard, je saurai. Je sentirai.

… Que la Vie sert mes intérêts !

La Vie est mon Alliée, si je se ne suis pas un piètre « copié-collé ».

Elle souscrit à mes projets justes et appuie mes choix vrais, dès que j'assume l'entièreté de mon identité réelle !

Et elle m'invite, pour cela, à croire avec ferveur en mon Étoile personnelle, qui me guide et me protège sur le chemin.

Quand on est en porte-à-faux avec sa nature profonde,
on crée des malentendus autour de soi.

Qu'est-ce qui me ferait plaisir ?

Une société qui se force est vouée à l'échec.

J'arrête d'être complice d'une défaite !

Si je ne sais plus ce qui me donne du plaisir, je n'insiste plus.

Et je prends le temps qu'il faut pour savoir.

>J'en ai le droit.
>Et le devoir.

Ma plus grande responsabilité, c'est de ne pas me trahir.

>C'est d'être Vrai.

Il faut renoncer à ses automatismes pour vivre de belles douceurs spontanées.

En abandonnant mes vieilles habitudes et mes réflexes d'obligations, je fais de la place pour accueillir du NOUVEAU !

Et, dès lors, je peux choisir ce que je veux et ce dont j'ai envie.

*Le Bonheur n'est contenu
dans aucune table des matières.*

C'est une réalité vécue de l'intérieur.

Abandonner ce qui me pèse.

Cette fois, je suis prêt, et je lâche !

J'abandonne ce qui me retient. Ce qui me rassure et me pétrifie.

J'oublie le « devoir toujours faire plaisir » et « ne jamais faire de la peine »… pour les remplacer par la belle JUSTESSE, envers mon ressenti.

Je n'ai pas à m'en sentir coupable…

Car cela me permet d'assurer la paix et la sécurité en mon être.

En intégrant, en conscience, cet espace d'authenticité en moi, j'arrête de me fuir.

Je n'ai pas à me cacher face à la Vie !

J'ai parfaitement conscience que l'homme aigri se plaint, plus qu'il ne vit.

Alors je cesse de ressasser et de porter de vieux paquets… et je vais au-devant de ce qui me fait VIBRER !

J'endosse ma Vraie dimension !

Je gagne à vivre des évidences…

Dire aux gens qu'on aime, qu'on les aime.

Je prends un temps pour dresser la liste de toutes les personnes qui comptent vraiment pour moi.

Je prends ce moment pour leur envoyer des pensées de reconnaissance.

Je songe surtout, à ceux qui étaient là, quand je n'allais pas très bien.

Ceux qui m'ont donné confiance en l'être, en l'humain.

Ceux qui m'ont donné sans compter, ceux qui m'ont montré la voie du désintéressement !

Ce sont là de vrais Amis.
Je les chéris.
Je les honore.
Je leur exprime, et je leur montre, combien je les aime !
Gratuitement, juste pour la joie de leur laisser un beau témoignage.

Et si je ne connais pas suffisamment d'êtres comme ceux-là, je les appelle comme une nouvelle réalité, au niveau de mon coeur sacré, comme la merveilleuse famille d'âmes que je rencontrerai, très bientôt, assurément. (Cf. Verbe 29, *La parole qui éclaire votre chemin, Tome 1.*)

Je l'invite, avec foi, à se présenter dans mon Univers, et je me dis qu'elle viendra, surtout, par là où je ne l'attends pas.

> *C'est quand tout va mal,*
> *que l'on perçoit le mieux,*
> *ceux qui nous font du bien !*

Je laisse circuler la Joie dans ma vie.

Ah, ma Joie !...

Joie, Joie, Joie... sois toujours ma guidance dans la nuit !

Une vie sans joie se dessèche.
Elle s'atrophie.
Et alors vient l'ennui.
Et sa consoeur, la maladie.

J'ouvre les vannes !

Je ressens
Ô combien
le rire libère !

Je ne laisse plus rien, ni personne, ombrager mon esprit et me voler ma douce insouciance.

La joie me guérit, elle me purifie.

Car la joie, *c'est* l'âme.

L'harmonie avec Soi est source de toute Joie.

Rien ne vaut que de se parler de coeur à coeur, les yeux dans les yeux.

Pourquoi rester sur un malentendu ?

Est-ce qu'alors je ne m'enchaîne pas au passé, plutôt que de croire m'en libérer ?

Les non-dits tuent à petit feux.

Libérons la situation et injectons de la vie dans toute forme de pourrissement !

Pour faire passer au mieux mon message, la simplicité et la sincérité seront mes meilleurs atouts.

Je ne crains jamais de miser sur la merveilleuse clarté qui fluidifie tant les relations.

Quitte, parfois, à décevoir !… Mais cela est tellement mieux que d'entretenir des malentendus qui, à terme, peuvent créer des inconvénients bien plus grands !

Et je saurai choisir mes mots, avec infiniment de sagesse et de précaution, car…

L'honnêteté ne doit jamais exclure la délicatesse.

La parole est une puissance qui, mal maîtrisée, peut se retourner contre Soi.

Fuyons le bavardage, la moquerie et les commérages !

Car tout ce que j'énonce est comme des flèches que j'envoie dans l'Univers, et qui me reviendront bien vite.

Chaque phrase recèle d'une telle puissance créative, qu'elle devrait toujours contenir, avec soin, des germes de bonheur.

Que de ma bouche sorte le meilleur, et de grands bénéfices j'en récolterai !

Et régulièrement, dans mon quotidien, je prends le parti du silence.

Condition préalable nécessaire afin de mieux entendre cette petite voix douce en moi… tout comme ce que mes proches ont à cœur de me dire !

Il y a tellement eu de musellement chez de braves gens qui n'ont pas pu traduire leur ressenti, sans sentir sur eux le poids accablant du jugement, du chantage affectif ou de la censure idéologique… qu'à chaque fois que l'occasion m'en est donné, je viens rétablir l'équilibre en encourageant les êtres, à s'exprimer librement.

Et je sais leur donner de l'attention, vraiment.

Car la différence entre écouter et entendre est grande.

Et elle peut parfois tout changer… jusqu'à nous transformer !

L'écoute est le plus beau signe de l'intelligence.

Gagner, c'est sauver.

La compétition n'est-elle pas une notion superflue ?

N'est-t-il pas temps de revoir mon système de valeurs ?

N'ai-je pas de fausses idoles ?

Les vrais gagnants sont souvent des inconnus dans une petite ruelle sombre, qui tendent la main à quelqu'un qu'on ne voit plus.

J'empreinte cette ruelle avec grâce et résolution, et je deviens héroïque !

Je donne de l'amour GRATUITEMENT à celui qui n'en a pas eu...

Parfois, juste un sourire bienveillant, un mot valorisant et gentil, peut changer la journée d'une personne en désespérance.

En faisant cela, je gagne son estime et la mienne.

Je m'enrichis, tellement !

À chaque connexion de cœur sincère, établie entre deux êtres, c'est un peu plus d'humanité qui s'en trouve saisie et revigorée.

Léguer à son prochain...
l'espoir dont il a besoin !

Les gens qui mentent, les gens qui trichent... et si c'était nous ?

Et oui !... Il nous faut l'admettre.
Le premier mensonge peut être envers soi-même !

On peut se mentir encore et encore, et indéfiniment… enfin… jusqu'au jour où la vie en a décidé autrement, et nous arrête brutalement !

Mais pourquoi tricher ?!

Si je suis juste envers mon être, je le serais forcément envers les autres.
Premier avantage !

Deuxième avantage, j'aurais un regain d'énergie...
Et, en bonus...

Je pourrais même trouver cette denrée rare, qu'on appelle...

La sérénité.

On se ment, parfois, tellement bien à soi-même,
qu'on en vient à mentir, honnêtement, aux autres !

Donner aux enfants le coeur en héritage.

Les enfants ont besoin d'intégrer la certitude d'être aimé.

Aimé pour ce qu'ils sont, dans leur être profond.
Dans leur identité.

Je ne cherche plus à modéliser mes enfants, et encore moins à les diriger !

Je me rappelle que je suis un exemple imparfait.

Je m'attelle, plutôt, à déceler leur nature particulière, leurs dons qui leur sont propres.

Et je fais en sorte d'encourager tout cela ! Je leur dis souvent « bravo ! » avec enthousiasme, et je félicite chacun de leurs progrès. Et je n'omets jamais de leur dire que je les aime, quels que soient leurs choix...

Je ne fais pas de mon amour une condition favorisant mes buts et intérêts.

Je comprends que les dérives actuelles de notre société sont souvent engendrées par des personnes dont l'enfance a été brimée et « cassée », par des adultes.

La négation des êtres d'hier crée la monstruosité de demain.

Je ne perpétue plus ce cercle vicieux en participant de bon coeur à la création spontanée d'individus libres, et nourris de bienveillance.

Ainsi, chaque jour, j'alimente un peu plus d'harmonie nouvelle sur notre chère Gaïa.

J'apprends de la fraîcheur de l'enfance,
et je m'inspire, humblement, de son innocence.

Faire de l'humilité sa plus grande exigence.

Le vrai Pouvoir, ce n'est pas écraser son prochain.

C'est être dans la simple vérité, éclatante, de son être.

C'est se permettre d'être SOI !

Et mon pouvoir le plus subtil, ne serait-il pas, face aux situations qui me désorientent, de faire preuve d'une belle modestie ?

L'humilité est une beauté rare.
C'est un phare qui montre le chemin.
C'est l'apanage des vrais Maîtres.

Le Plus Grand ne s'enorgueillit jamais de ses acquis ou trophées, car il sait bien qu'il les doit davantage au Grand Tout et à Son Omniscience, qu'à lui-même…

La vanité se sert,

quand la Grandeur sert les autres.

Mon luxe,
c'est de donner à ceux
qui n'ont jamais rien eu.

Accumuler de façon inconsidérée les biens matériels, est-il réellement vecteur de bonheur ?

N'est-ce pas plutôt une course-poursuite sans fin, qui peut laisser place au désarroi d'un grand vide, si l'être intérieur n'a pas été nourri, dans le sens voulu par l'âme ?

La Vraie richesse ne serait-elle pas, finalement… ailleurs ?

Osons une NOUVELLE définition :

Ma richesse,
c'est voir dans les yeux de l'être démuni de chaleur,
la naissance d'une lueur,
qu'à fait naître
l'offrande de mon cœur !

L'habitude est le chemin de ceux qui perdent.

Hier, j'étais la personne que je ne suis plus, aujourd'hui.

Je cesse de m'identifier aux minutes passées, car elles sont, déjà, révolues !

La réussite provient du CHANGEMENT.

L'eau qui stagne ne sent pas bon, par définition...

Par conséquent, je bannis la routine.

J'observe des rituels sacrés. (Surtout s'ils entretiennent ma Joie intérieure !)

Mais j'ai la sagesse de souvent inviter dans ma vie, le parfum de la Nouveauté...

Car, derrière les habitudes, se cachent l'odieux relent des fuites en avant.

À la question : « Quoi de neuf, aujourd'hui ? »

Je répondrai, désormais... : « MOI ! »

J'enrichis ma vie en la misant à nouveau !

Fais de ta vie une oeuvre d'Art.

Je ne fais pas partie du nombre des oisifs.
Il y a déjà bien assez de dormeurs !

Si la médiocrité est la référence, je ne me fonds pas dans la masse.
Je ne me recroqueville point.
Mais, au contraire...

Je me lève !
Je me redresse !
Je me STIMULE, dans mon désir de dépassement.

La vie, ça ne doit pas être une parodie.
Cela doit être grand... cela doit être beau, et inouï !

Voilà, LA VIE !

Avec elle, et par elle, je vise toujours la transparence, je porte aux yeux du monde les plus belles créations dont mon être est capable quand il vit sa grandeur, et j'entretiens, avec soin, la beauté des sentiments.

Chaque matin, je choisis la conscience de me réveiller dans les louanges d'un jour nouveau.

Ma capacité d'être heureux
revient à ma faculté d'être libre !

Je refuse la fatalité.

Certains de nos contemporains sont tellement dépressifs, qu'il y en a autant, parmi eux, qui redoutent la fin du monde, que d'autres qui l'espèrent !

Ne soyons pas de ceux-là.

Je choisis d'aimer cette merveilleuse époque de transformation.

Et je décrète : « Nuages, disparaissez ! Que le soleil soit !... »

Et si la pluie persiste encore, je ne la vois nullement....
Car... je lévite par-delà les ombres, je suis LUMIÈRE… et je trace une Voie resplendissante pour le monde.

Je visualise ma belle et grande Étoile au-dessus de moi.

Elle me protège et elle me guide, à chaque instant.

Je laisse ses faisceaux me pénétrer et je fonds en elle...

Je flotte en son sein et je me sens léger, LÉGER !

Rayonnons notre vibration !...

Illuminons !… ILLUMINONS !

La résignation n'est jamais la bonne direction !

Le pire moyen de laisser faire les choses, c'est d'en être la victime.

Qu'est-ce que cela veut dire ?....
Aaaah !… Mais oui… je vois…
Je vois !

Suis-je le bambou jeté au ruisseau ?
Mais non !...

L'horrible formule du « c'est comme ça ! », non seulement inhibe le flux de ma créativité, mais à force de la ressasser, elle me soumet à une passivité consternante.

Choisissons notre chemin.
Pleinement !
Un choix libre, assumé.
ENTIER.

Je vais me placer à ma place. La bonne !... Et ceux qui seront autour de moi, seront aussi, à leur Vraie place.

Assez de malentendus. Assez !

Je me ressaisis dans la dimension existentielle de ma vie…

Et je nage, avec aisance, dans le sens du courant !… Je suis la fluidité de l'instant…

Cela est tellement plus aisé !

Le conformisme est le renoncement de l'imaginaire, au profit des rouages rouillés d'une société étriquée.

La Vérité est intérieure.

Pourquoi vouloir prouver ?
Qu'y-a-t-il à prouver ?
Rien !

La Vie EST.
La vie est, tout simplement.

Elle ne m'a pas attendu.
Et elle sera là, encore demain.

La vie est un exemple !
Resplendir, lui est naturel.

Comme elle, je resplendis.

Joie et liberté, me sont innées.
Respirer m'est instinctif !
Tout ça n'a besoin d'aucune preuve.

Prouver est une perte de temps.
C'est courir après du vent.
C'est omettre, que j'ai tout, dès à présent.

Prouver ma valeur ?
Mais regardons-nous !

Je suis MAGNIFICENCE.

Le soleil cherche-t-il la nécessité de ses reflets ?
Mais non, c'est juste sa nature.
J'assume ma nature, moi aussi.
J'assume !

Il y a, en chacun de nous, une puissance d'étoile qui brille.

Je suis un miracle !

Oh ! Quel beau moment !

       Cet instant est un appel au relâchement.

Je le vis en totale décontraction.

Il est bon de respirer… largement, sans se préoccuper.

Tous les jours, des cadeaux me sont légués par l'entrefaite de la Vie.
Des moments de bonheur simple.
Je sais les accueillir. Et en être digne.

Je peux avoir tous les conforts de la Terre, et ne pas en ressentir les bienfaits !
Je peux croiser la personne la plus belle qui soit et me fermer à elle, si je ne suis pas prêt à recevoir ce qu'elle a, à m'apporter...

Pourquoi alors, reçois-je, si difficilement ?...
Parce que j'ai une vision parfaitement en deçà de ma valeur réelle !

       Une vision déformée, erronée.

Car, en réalité, si je fais table rase du passé…
       JE SUIS SPLENDIDE !

C'est en assumant cette splendeur, en l'acceptant dans la Joie, que je peux partager avec les autres toute la Beauté du monde.

Je reçois, abondamment !
Car je m'ouvre à la Vie !

Quelle est la valeur des choses...
       si mon être ne peut les refléter ?

La vie est belle, si je ne la laisse pas glisser entre mes mains.

La vie est comme un manège pour enfant !

Si je n'ai pas attrapé la queue de Mickey quand il était temps, je dois refaire tout un tour de manège, pour espérer la saisir, à nouveau ! Et, de la même façon, dans mon existence, si j'ai « raté » une personne ou une opportunité, il va me falloir patienter pour que cette personne, ou des occasions similaires, se représentent.

Alors je m'arrête un instant, et je médite.

Et je me dis : « Vigilance ! » Je suis, peut-être, en train de privilégier des détails insignifiants ou de vaines ruminations, au détriment de mes aspirations réelles.

Je suis peut-être pétrifié par mes peurs et fermé dans mes croyances ! Plutôt que de m'ouvrir, généreusement à ce que je désire, en réalité, recevoir et ressentir...

J'en ai fortement l'impression... et je dirais même que j'en suis certain !

Ressaisissons-nous ! Les plus beaux cadeaux ne s'achètent pas, mais il faut avoir suffisamment de cran, et d'AUDACE, pour les mériter.

Si une joie m'est proposée, c'est certainement l'Univers tout entier qui me l'adresse avec soin... Alors, je ne la laisse pas passer !... Je la saisis, avec PANACHE ! Je lui offre toute ma souplesse et bonne volonté !

Et comme j'ai su répondre présent... voilà ma valeur qui augmente, comme par enchantement !

J'accueille, avec finesse,

le Meilleur de toute situation,

qui m'est offerte.

Je m'enthousiasme de ne plus rien contrôler !

On entend beaucoup parler de la nuit noire de l'âme…

Cela ne veut rien dire, car l'âme est toujours lumineuse et elle le restera !

Le phénomène où tout dans notre quotidien s'effondre, où il ne nous reste plus rien de nos envies d'avant, ni même le goût de s'accrocher parfois à l'existence… est, en réalité, la nuit noire de notre… personnalité !

Dans ces instants d'humeurs sombres, cette dernière doit, en effet, céder face aux aspirations de notre être réel qui souhaitent ardemment se manifester, et qui furent trop longtemps évincées de nos priorités.

Et comme la personnalité a la peur marquée de renoncer à ses attaches et à ses besoins, face à la poussée puissante et insistante de l'âme, elle finit par craquer littéralement et par s'effondrer !

Pour que mon corps spirituel passe au premier plan, je dois, en effet, abandonner tous mes besoins de contrôler l'existence, au travers de sécurités illusoires.

Mon âme s'épanouit quand ma personnalité saute dans le vide, et ne retient plus rien de sa vie d'avant !

Car, alors, elle peut explorer ce qui la stimule vraiment, et vivre, non pas d'attentes ou de projets, mais de l'instant sacré et de ses mille et une richesses insoupçonnées.

Il faut, d'abord, savoir renoncer…
pour pouvoir, ensuite, être comblé !

J'élève ma Vie.

Je supprime tous les échanges dévalorisants de mon existence.

Je coupe les influences pernicieuses, telles que médias ressassant du négatif, ou supports artistiques emplis de basses vibrations.

Je renvoie, en douceur, à leurs auteurs, leurs énergies de peur et de culpabilité. (Surtout aux spécialistes homologués, aux parents ou aux chers « faux amis » !...)

Je ne me laisse plus polluer.

J'oriente mes pensées, mes mots et mes regards vers le Beau, le Grand et l'élevé !...

Et je n'autorise que l'Amour et la tolérance à se développer.

Je m'échappe du chaos, en ne me nourrissant plus du conflit, et en ne me satisfaisant plus jamais du remplissage.

Je me hisse vers le haut, je me hisse, je croîs !... Je m'élève, chaque jour davantage, loin des médiocrités du vieux monde.

Et je n'ai nullement peur de me retrouve isolé, car le balayage de l'ancien laissera bientôt place au Nouveau !…

Sur ce chemin d'Ascension, je choisis une minorité qualifiante et bienfaisante, plutôt qu'une majorité déficiente et dégradante !

Voilà que je m'observe, avec attention, et qu'enfin...

Je me reconnais à mon niveau ! Je suis bien.

*Rappel : **je ne suis obligé de rien !***

Une seule certitude,
celle de ne pas en avoir.

Je ressens que mes certitudes m'éloignent de mon prochain et de ses richesses.

Si je suis trop accroché à elles, elles deviennent source de tensions, et peuvent même être le moteur de conflits dommageables dans mes relations.

Elles m'éloignent, également, de territoires inexplorés et de découvertes, qui se situent hors des repères balisés par mes principes trop rigides.

En les lâchant, j'endosse une vision plus large de l'existence !

Je m'ouvre à des nouvelles possibilités inégalées.

> Et je deviens instrument de paix.

Car, en y réfléchissant…

Si j'abandonne les croyances superflues qui me séparent de mes frères et sœurs… j'abats alors des frontières, en érigeant des ponts où des individus, jusqu'alors séparés, se rejoignent enfin pour s'élancer les uns vers les autres dans des accolades fraternelles.

Ce qui fait la complémentarité des humains,
fait la richesse du monde.

Laisser parler son coeur.

Chaque moment peut être unique. Une grâce retrouvée.

Soyons empreints de gratitude !

Remercions pour ce que souvent nous oublions et que pourtant, nous avons...

Et donnons ! Donnons le meilleur de nous-mêmes...

J'ai tant de belles choses à offrir. De douces attentions sincères, amusantes et rapicolantes !

Je fais appel à des mots choisis et à mon souhait de surprendre gaiement celui qui est assombrit par son quotidien…, attitude par laquelle je pourrais me surprendre moi-même !

Tiens, voilà ! Je vais faire une surprise à une personne que j'aime bien...

(Sans rien attendre en retour, mon bonheur en sera décuplé !...)

Je vais laisser libre cours à ma tendresse, et à mon espièglerie…

Soyons un vent de fraîcheur et de générosité dans la journée d'un(e) ami(e) !

Et, chemin faisant, je sens que la Vie me répond en m'emplissant de Joie.

Remercier, c'est déjà recevoir davantage !

Crois en ta capacité de changer ta vie.

Suis-je inspiré ?... Ou désespéré ?...

Laisser s'exprimer l'ingénieux petit créateur qui est en moi, voilà l'issue salvatrice !

C'est Lui, qui me permet d'engendrer ma Vie Nouvelle !...

Que renaisse cet être inventif et malicieux !

Pour ce faire, je ne l'analyse pas, je ne le juge pas, je ne le condamne surtout pas d'avance !

Je l'encourage plutôt à s'exprimer naturellement, comme un petit enfant sautillant !

En commençant par des petites choses qui, bientôt, en construiront des grandes...

Sans calculs, sans attentes, juste de moi à lui et de lui à moi, nous apprenons à être joliment complices.

Si je veux changer une vie routinière et désolante, mon imagination doit être riche et fructueuse... et elle doit couler sans interdits ou hésitations !

Me retrouver, seul, avec mon imaginaire, peut occasionner des plaisirs rares... qui, par leurs forces d'évocation transformatrices, favoriseront, bientôt, mes délicieuses et prodigieuses réalités de demain.

Je ne fais pas partie du nombre de ceux qui doutent.

La seule histoire
qui se termine bien,
est celle où l'Amour
triomphe à la fin !

La poésie et l'art proviennent souvent d'effluves de cœurs blessés, et bien trop peu d'élans spontanés d'êtres aimants et reconnaissants.

On entend dire que les plus beaux films, les romans les plus épiques, sont ceux qui dépeignent des histoires douloureuses, aux dénouements tragiques.

Je ne crois plus cela ! Oh non !

On se trompe d'histoires !... Les seules qui sont vraiment valables à raconter, et par conséquent à voir et entendre… sont celles qui nous invitent, et nous exhortent, à notre penchant tout naturel au BONHEUR !

Celles où, en dépit de la grisaille et des mensonges avérés, la Vérité et la Beauté jaillissent, irrésistiblement !

Et, perdurent, par-delà les temps.

Les hommes sans conscience,
proposent...
des œuvres sans envergure !

Donner de l'amour aux gens qui en ont besoin, voilà le vrai bonheur !

Certains ont reçu peu.
D'autres sont très tournés vers leur nombril.
Ce sont, parfois, les mêmes.

Alors, quel que soit le cas de figure, je lègue une preuve d'amour.
  Un geste.
    Un souffle.
    Un mot.
      Un regard appuyé.
        Un sourire éblouissant.

J'arrête de vivre avec ma tête. De calculer et d'appréhender.

Je n'oublie pas le pouvoir de la tendresse et j'appose une main douce et réconfortante, quand elle est bien accueillie.

Je reconnais que la vie de cette personne est aussi une part de mon histoire.
Et que son parcours, forcément, fait écho au mien.

Quelque part, si elle et moi nous nous rejoignons, ici-même… c'est que nous avons une potentialité de guérisons à nous inspirer mutuellement, et de la gentillesse à nous transmettre, gracieusement !

Le langage des mains peut être très éloquent,
surtout s'il est caressant !...

La peur est mon ennemi.

Qu'est-ce que la peur ? C'est l'absence à moi-même !

Alors je décide d'être bien là, présent ! Avec moi !

La foi, est-ce un vain mot ?...

Non ! Ma foi est plus grande que ma crainte !

Elle n'est pas chez moi une simple notion, ou une idée vague…

Elle est une réalité vécue. Que j'expérimente, chaque jour, davantage !

Pour commencer, j'arrête d'être crédule, et de léguer ma confiance à tous ceux qui auraient un intérêt caché à exploiter mes peurs.

Ensuite, je décide de donner plutôt du crédit à mon RESSENTI… même s'il est à rebours de ce que la société me dit être « raisonnable » ou « responsable » !

Plus je vis mon ressenti, simplement...

plus j'avance, naturellement !

J'accomplis ma Vérité ! En sachant parfois finement relativiser, m'adapter, ou même… ruser.

Ah ! Comme la Vie est un jeu amusant !...

C'est par l'expérience d'actes inédits réussis,
que ma foi s'affermit.

L'hypocrisie est tellement la norme, que l'honnêteté est devenue suspecte !

L'ancien monde a fait du mensonge son credo et, ce qui le motive, n'est souvent basé que sur l'intérêt. Il bafoue la bienséance et se moque de la bienveillance.

Mon seul risque à moi est de me faire avoir, parce que j'attends encore, de sa part, de la reconnaissance, en croyant, par naïveté, à ses balivernes. Mais si je m'affranchis de mes besoins d'être reconnu et aimé de ses représentants, alors je peux librement porter, haut et fort, ma Vision, à celles et ceux qui l'apprécient !

L'ancien monde ne pourra que jeter du discrédit sur ma manière de fonctionner…

Mes valeurs sont, pour lui, comme un défi répulsif de croissance de conscience, qu'il ne désire en aucun cas endosser.

Alors, je ne me bats plus. Je le laisse à son sort… Je vais de l'avant ! Je trace ma route !

Plus jamais, je ne donnerai de l'attention à sa logique enrayée.

Lui qui confond pitié monnayable avec la vraie compassion !… Lui qui travaille à écraser autrui pour se sentir plus fort… alors qu'en réalité, la puissance est d'élever les autres, de les alléger ! Lui qui recherche toujours plus de pouvoir par des manœuvres frauduleuses, alors que je parierai toujours, pour ma part, sur l'éthique, la liberté, la conscience, la fraternité, la responsabilité.

Ne nous laissons plus désabuser par les mécanismes retords d'une société qui s'effondre. Et vivons notre foi, sans plus jamais être dupe d'un système vicié !

J'accompagne désormais mes souhaits vibrants d'une pure objectivité sur tout ce qui m'entoure...

Ainsi, je concilie honnêteté et lucidité.

Une personne qui se vend
a bien peu de valeur.

Qu'est-ce que je mérite ?

Parfois, une simple question peut tout renverser...

Cette toute petite question, d'apparence anodine, a le pouvoir de changer ma vie !

Si je n'y ai pas répondu en conscience et en totale objectivité, alors il y a de fortes chances pour que je vive sous-évalué !

En fait, je mérite :

1. L'Amour et la Liberté, en tant qu'enfant prodigue du Père / Mère Céleste.

2. De recevoir toute l'ABONDANCE et les gratifications justes, en rapport à mes dons naturels, à ma vibration unique, à mes énergies dépensées, et à tous mes attributs positifs de caractère et de personnalité.

3. Tout simplement, je mérite... le BONHEUR ! Selon les lois universelles... pour TOUS !

Le bonheur n'est pas en-dehors de moi... il est EN MOI ! Et rien ni personne n'a le droit de me l'interdire ou de m'en priver... sinon mes croyances entretenues à mon sujet !

Alors je cesse d'accuser le monde entier...

Et je me donne les permissions, sans plus attendre, de co-créer les conditions enchanteresses, libérant toutes les bénédictions que l'existence désire m'offrir !

Il existe, au fond de moi, un magicien,
qui attend de se révéler !

Vive l'homme nouveau qui renaît chaque jour, libéré de ses croyances de la veille !

Élevons le niveau, dans le renouveau !

Dès que je me libère d'une croyance ancienne, qui n'est plus d'actualité pour mon être, je m'allège, en m'ajustant à des fréquences inédites.

Et j'en profite pour vibrer avec les radiances d'un monde nouveau.

Il faut, sans conteste, libérer son présent de son passé.

   Alors, plus d'hésitations…

Libérons-nous ! Allégeons-nous !
Ajustons-nous !!

Ne nourrissons plus l'ancien… et tout ira bien !

Et profitons-en pour revendiquer notre nature indépendante, qui n'est affiliée à aucun groupe de pensées, ou d'intérêts…

Loin des croyances s'assume mon indépendance.

Tout mon monde est le reflet de ce que je décrète en moi, comme Vérité suprême.

Qu'importe, si mes croyances sont peu répandues, ou si ma personnalité se démarque des coutumes environnantes.

À partir du moment où je verbalise avec FORCE et conscience, ce qui est juste et VRAI pour moi, alors l'Univers me le renvoie !

Alors, pourquoi me soucier ?...

Bien sûr, cela n'est possible, que si je me détache de mon besoin d'approbation, et de la nécessité de plaire à tout prix.

Vouloir plaire à tout le monde, c'est renoncer à soi !

Et si, au contraire, mon originalité était ma force ?

Si j'étais là, en réalité, pour inspirer une Voie Nouvelle ?... Comment le pourrais-je en me fondant dans la masse ?!

Allons ! Voyons… ASSUMONS !

Et, déclamons :
« J'assume ma fibre originelle !!! JE SUIS, JE SUIS !!! Et, qu'il en soit ainsi ! »

Ne soyons pas morne et dans la norme...

Dans l'espace libre accordé à l'imprévu, se trouve la Vie.

Programmer, c'est dépassé !

Barricader son planning, est vœu de geôlier !

N'oublions pas que c'est NOUS qui gérons notre agenda, et non pas l'agenda qui nous gère !…

Alors, faisons de la place !

J'aime prévoir le moins possible, et m'adapter au jour le jour à ce qui se présente.

Ainsi, de merveilleuses découvertes peuvent abonder, car j'ai créé suffisamment d'espaces libres pour les accueillir, en parfaite souplesse…

La plus belle journée qui commence, est celle dont on ne connaît pas encore la soirée.

Faisons de l'inconnu, notre **grande** *priorité !*

Courir en tout sens, n'a plus aucun sens !

J'apprends à me poser, et juste, à ne rien faire…

Ici et maintenant, me laisser bercer par l'instant.

J'opte pour la décontraction naturelle du chat.

Je profite… je me détends… je ne me fatigue nullement, si ce n'est pas absolument nécessaire !

Et si l'on m'offre des réjouissances attractives, alors je sais répondre présent avec enthousiasme !

Et cela n'est possible, effectivement, que si je donne à la vie toutes les possibilités de me combler par des biais délicieusement imprévus.

De même, si de l'inconnu survient et me met en péril… aussitôt je sais bondir avec agilité, et ainsi éviter le danger !

Car, j'ai appris à avoir une discipline joyeuse, qui me permet d'être parfaitement centré, et aligné, aux circonstances.

Faisons nôtre cette devise : « Ne pas piailler, ni s'agiter inutilement, mais s'élancer au bon moment, tel l'oiseau porté par le vent ! »

Le chat est le ravissement de l'humain raffiné ;

Et le chien, parfois… le modèle de l'homme civilisé…

Condamner,
c'est m'enchaîner.

Soyons nous-mêmes générateurs de Lumière, plutôt que de chercher à boycotter, à vilipender, et à s'évertuer à trouver des coupables, pour les punir outrageusement.

Le problème, en punissant, est que l'on soumet à toujours plus de culpabilité ceux qui ont « fautés ».

Ils ont très peu de chance de se guérir ainsi… et sont même, de façon insidieuse, encouragés à recommencer !

En blâmant, je peux me soulager ou me rassurer un temps, mais en réalité, j'entretiendrais toujours en moi, une rancœur, un mépris… une douleur !

Seuls le pardon donné, associé à une compréhension nouvelle que tout être mérite une nouvelle chance, dans une vision plus haute où se rejoignent l'idée d'une rédemption et d'une évolution saine, peuvent me délivrer !

Une société qui passe son temps à condamner est primaire dans son mode de fonctionnement.

Et un être qui accable, oublie toujours sa propre disposition à faillir !

Le plus vil, le plus méchant des hommes...
peut, un jour, devenir un Saint.

Toute offrande est une définition de ce que nous valons.

Quand c'est à mon tour de donner, je ne rechigne pas !

Et je sens, toujours, quand mon tour vient.

Cela se présente à moi, naturellement, sur le chemin…

Alors, en donnant avec Joie et sans réflexion, je participe à la grande roue de la libre circulation des belles énergies universelles.

Bien sûr, je ne confonds pas cela avec l'oubli de mes ressources personnelles, quand elles sont appauvries.

Je ne travestis pas ces belles occasions, par un donner « systématique », qui m'épuiserait, et me priverait, de Mon recevoir.

Mais quand c'est à moi de jouer la partie… alors, je DONNE !

Et c'est ainsi que je m'enrichis toujours plus !… En démontrant ma valeur aux yeux de l'Univers, qui m'observe et m'évalue de la sorte.

Ne pas faire de comptes n'a pas de prix !

Les gens qui nous jugent racontent leur histoire !

C'est évident !

Si je suis critiqué ou calomnié par certains… cela est le reflet de leur propre sentiment à leur sujet…, en réalité ils me parlent d'eux !

Les enfants me le rappellent, si bien, à la récré :

> « C'est celui qui dit, qui y est ! »

Donc, je n'absorbe aucunement ces propos tranchants ou vindicatifs… et je ressens qu'ils ne m'appartiennent pas.

Souvent, c'est ma nature LIBRE qui dérange… car cette liberté, beaucoup ne l'ont pas encore reconnue et éveillée en eux.

Le savoir modifie mon comportement envers une personne encline au jugement.

Je la regarde avec davantage de mansuétude et, dans un silence, je lui réponds par un sourire compatissant…

Et, en moi, je me fais cette réflexion : « Faut-il que tu es grandement souffert, mon ami, pour vociférer de la sorte ! »

On ne peut pas s'approcher de la vérité,
et ne pas déranger.

Ma Joie est mon plus beau facteur d'immunité !

Je remarque que l'homme positif, enjoué, et qui ne doute jamais de sa force intérieure, est rarement malade ou en baisse de vitalité.

Les tracas de la vie lui glissent entre les doigts !

La Joie est non seulement mon levier d'allègement au quotidien, mais c'est aussi mon plus grand rempart face au négatif !

Et si, un jour, une épreuve doit survenir, il en sera de même avec mes facteurs de rémission.

S'en sortent vite et bien, tous ceux qui gardent un moral d'acier, et démontrent une légèreté à toute épreuve !

La joie emporte tout sur son passage : les amertumes récalcitrantes, comme les idées frileuses. Et les plus terribles des perspectives qu'avaient annoncées, avec assurance, les fameux « spécialistes scientifiques » – ceux-là même qui oublient toujours le pouvoir de la Joie ! – sont déjouées, et renvoyées, avec fracas, dans leurs sombres pénates.

Un rire franc et déchaîné,
peut contaminer
la terre tout entière !

C'est l'être, dans son essence, qui apporte la jouissance de l'existence.

Un plaisir seul est très vite oublié.

Si je désire vraiment JOUIR de l'existence, alors je dois tendre vers l'immanence et vibrer la transcendance !

L'extase part de l'intérieur, de la reconnexion profonde avec ma nature réelle.

Elle est élévation, et dévotion, sans fin. Sa vocation est de traverser, avec fulgurance, toutes les parts de mon être, en leur procurant délivrance !

Cette énergie BÉNIE doit se déployer librement, sans censure ni blessure…

Son point culminant est la danse exaltante de ma fibre originelle avec l'essence même d'une personne choisie… avec laquelle tous mes chakras fusionnent, dans une communion épique et jouissive, hors de toute notion d'espace-temps.

Remplaçons l'orgasme mécanique...

par la fusion extatique !

« C'est pour ton bien. »
L'alibi de tous les crimes.

Mon Dieu, comme l'éducation fait, parfois, des ravages !…

Et, pour paraphraser Sacha Guitry : comme les parents oublient, trop souvent, qu'ils ont été, eux aussi, des enfants !

Et, comme sous couvert de vouloir notre bien, on nous a en réalité pilonnés de principes stériles, contraints à des obligations étouffantes et même parfois outragés dans notre innocence.

      Alors, que ce soit clair :

Même s'ils ont une expérience potentielle, cela ne confère pas à mes aînés, le droit de m'imposer les règles de mon équilibre de vie !

Aujourd'hui, je remets en question de manière salutaire, tout ce qui m'a été transmis.

Et je prends soin de vérifier chaque élément, afin de m'assurer qu'il fasse bien résonance avec mon être, et qu'il soit ajusté à ce que je désire VRAIMENT…

Je valide toutes mes croyances en mon for intérieur ou sinon, je les balance à l'extérieur, sans une once de regret ou de culpabilité !

Il faut faire, très attention,
à tous ceux qui nous disent, toujours...
                     de faire attention !

En sachant dire non, je donne toute sa valeur à mon oui.

Enfant, j'ai appris à toujours faire plaisir, jusqu'à l'extrême. En m'oubliant, souvent.

Je n'étais là que pour répondre aux désirs tyranniques des autres…

En ce jour solennel, je désire réendosser ma personnalité Vraie, pour vivre sans fard, ma singularité.

Et cela commence par ma simple responsabilité, enfin assumée, de savoir dire NON à tout ce qui ne me convient pas, au fond !

Comment pourrais-je dire OUI à ce qui me plaît, si je n'identifie pas, d'abord, clairement, ce qui me dégoûte, me contrarie ou m'alourdit ?... Si je ne suis pas capable, grâce à l'appel de mon énergie masculine, de l'écarter d'une main ferme et résolue ?! (Cf. *La parole qui éclaire votre chemin, Tome 2.*)

C'est l'étape préliminaire à franchir, avant de connaître mes facteurs de réjouissance !

J'ai le courage de me respecter et de ne plus trahir mon ressenti. Ensuite… et seulement ensuite… je saurai extraire de la Vie le doux joyau de l'harmonie.

Quand on est pleinement soi-même,
cela déplaît à certains !
Mais on y gagne le respect des anges.

Est vertu, ce qui nous fait grandir en conscience.

Je différencie avec bonheur, la morale de la vertu.

La morale est faite de principes étriqués, quand la vertu me fait croître en beauté.

L'homme réellement vertueux n'est jamais celui qui suit un credo, des dogmes, et qui reste accroché, fébrilement, à ses idées partisanes… mais bien celui dont les actes et paroles sont impulsés par ce que lui dictent son cœur et sa conscience.

Je m'engage à ne plus jamais confondre les règles extérieures des « autres », avec mes lois personnelles de bonheur, d'équilibre et de justesse.

Je m'engage également à ne plus nourrir les combats fratricides de la dualité, par des avis qui seraient trop tranchés, ou virulents.

Mon ouverture et ma tolérance donneront toujours à ses lois personnelles la possibilité d'aller dans des directions plus nuancées, en fonction de circonstances particulières.

Ressentons que la Lumière peut s'infiltrer partout, en tous lieux, et chez chacun !...

La vérité n'est jamais figée… elle est mouvement de Vie, en perpétuelle croissance.

La première vertu est la souplesse de l'Esprit !

Ce qui sommeille en moi, m'empêche de dormir !

Aujourd'hui, je vais à la rencontre de mon très cher inconscient… Je me réapproprie mes désirs inavoués, comme je ressens, aussi, mes peines étouffées…

J'identifie mes luttes intestines, et je pacifie mon être !

Je laisse remonter, avec émotion, tout ce qui est sous-jacent et caché sous le tapis. Je ne me voile plus la face, je regarde avec courage ce qui vit « masqué » en moi. Je ne laisse plus, aucun travestissement, emprisonner mon être et limiter son expansion !

Je me sers du Verbe sacré, en énonçant, avec force, les mots JUSTES qui me permettent de libérer mes maux cachés.

J'ai ce POUVOIR, et je le manifeste ! (Cf. les trois tomes de *La parole qui éclaire votre chemin.*)

Je réveille les fantômes endormis de mon histoire, pour les ramener à la Vie… et en faire même, parfois, de nouveaux Amis !

Par ce travail de conscientisation, je libère tellement… jusqu'aux fardeaux oubliés, de ma propre généalogie !

Les individus faibles se mêlent de tout,

sauf de leur remise en question…

Il n'y a pas plus affreux programme, que de s'habituer à la maltraitance.

La vie se forge sur les habitudes, même les mauvaises.

Un chat qui fut terrorisé et porte en lui des traumatismes sévères, fuit les câlins, quand les chats bien portants les affectionnent…

Ses peurs paniques le privent de toute la tendresse naturelle, dont il pourrait bénéficier.

Je reste confondu par l'image d'un chien vu au chenil qui, après avoir été maltraité par les frappes régulières d'un ancien et vil propriétaire, reçoit pour la première fois des caresses d'une personne bienveillante… et qui se met soudain à hurler à la mort !

Tellement son programme interne n'y est pas habitué, il réagit, au contraire, de ce qui normalement devrait lui plaire…

Eh bien ce qui est valable pour les animaux, l'est aussi pour nous autres, humains !

Si je n'ai connu que la violence physique, verbale ou émotionnelle, j'ai intégré une vision déformante de l'existence où la maltraitance est pour moi un terrain de reconnaissance. J'en ai fait ma normalité et, par conséquent, je pourrais même, inconsciemment, susciter de nouveaux éléments identificateurs à ma souffrance.

Pire ! Si je reçois enfin du BON, ma réaction sera peut-être le sabotage et la fuite, tant cela me désorientera et me paniquera, de devoir gérer l'inverse de ce que j'ai toujours connu !…

Cessons ce schéma destructeur !

Pas-à-pas, retrouvons, pour nous-mêmes, l'envie d'intégrer le Vrai sens de la vie… qui est, toujours, de donner et de recevoir des attentions d'amour, dans la DOUCEUR, la générosité et le parfait équilibre.

Nos amis se réjouissent pour nous.

Les autres sont de faux-amis !

La vie a la merveilleuse mission de faire remonter ce qui est caché, à la surface...

J'ai confiance dans le processus en cours.

Tout ce qui n'est pas reconnu et guéri en moi, aimante un évènement, déclencheur de conscientisation et de libération.

Plusieurs personnes aux visages différents, mais aux contenus identiques, peuvent même s'enchaîner sur ma route, tant que la leçon n'a pas été profitable à l'élève...

La Vie me fait vivre les circonstances parfaites, qui ravivent toutes blessures, pour que je puisse, enfin, les observer et les digérer.

Une fois cela accepté, tout devient opportunité de dépassement et de délivrance !

Je ne me bats plus contre ce qui m'arrive et me dérange (ce qui n'a que pour effet d'entretenir ma mémoire douloureuse...), mais je l'accueille sans lutte, comme une chance de renouveau et une occasion de pacification de mon histoire.

Je me pardonne, et je me remercie d'avoir aimanté et traversé toutes les expériences utiles à mon évolution.

Ce qui nous frappe à l'extérieur,

est à la juste dimension,

de nos refoulements intérieurs...

Être raisonnable
est un grand malheur !

La cérébralité exacerbée étouffe la vie et ses composantes.

Elle rigidifie mes possibilités de vision, et entame toujours mes vecteurs de joie, en réduisant leur expression.

Quand mes mécanismes froids et sérieux sont trop implantés, mon enfant intérieur est court-circuité, et il ne peut s'épancher de manière naturelle et instinctive.

J'allais m'élancer pour dire des mots d'amour, et je me suis tût…

Je voulais faire un geste enthousiaste, et puis… je l'ai retenu…

J'étais proche de faire une p'tite pirouette, et j'y ai pas cru…

J'avais besoin d'exprimer mes émotions, et je les ai contenues…

En me brimant ainsi de l'intérieur, je me contrains au moribond… je me destine à la frustration… et je me condamne d'office !

Assez de cela ! J'annule le pouvoir retors de ma raison !

En insérant une virgule entre les deux chiffres de mon âge, je rétrograde, avec bonheur, dans l'enfance spontanée…
(Par exemple, à l'heure où je vous écris, j'ai 4, 9 ans !…)

*Jouer avec **Toi**, c'est m'alléger de moi.*

Trop d'enfants poussés dans leurs landaus vont au-devant d'ennuis...

« Petit être, en moi, que je chéris !

Accepte que tout ce qui t'a été légué, concerne, avant tout, tes parents. Et n'attend plus qu'ils t'apportent ce qu'ils se refusent à eux-mêmes, et ne peuvent t'offrir !

En revanche… Nous deux… ici, maintenant, CÉLÉBRONS notre Union !

Nous n'avons besoin de personne d'autre, pour cela…

Car, mon Moi d'adulte, aujourd'hui, te reconnait Toi, pleinement, mon bel enfant !

Dans ta grandeur, tes fragilités et ta créativité… et même dans ta frivolité, qui me ravit… car j'aime que tu sois joueur, j'adore cela… j'aime quand tu fais le clown, ça me plaît !

Vibre, et joue ! Et, ensemble, ne laissons plus des attentes déçues nous ternir… retrouvons notre ALLÉGRESSE !

Oui, je t'aime, sans condition, et je serai toujours là pour te prouver ta valeur, pour te recevoir dans tes élans naturels et légers, et pour les encourager.

Respirons ensemble, mon Ange. Regarde ! Une Étoile Nouvelle et radieuse vient de se créer tout là-haut, dans le ciel !…

Comme elle est belle !... Elle vient témoigner de notre réunion effective et bénie, en ce jour.

Ne soyons plus séparés ou éloignés, je t'en conjure…

Restons, pour TOUJOURS connectés, dans la préciosité de nos instants partagés ! »

Il y a tant de beautés à célébrer,
            avec un cœur d'enfant enthousiaste !

Les seuls serments qui vaillent, sont ceux que l'on se fait, à soi-même.

Un pacte périmé qui perdure, me fait ressasser le passé…

Rendons caduques tous les vieux décrets qui furent les miens !

J'ai le droit d'évoluer et de remettre à plat mes engagements, pour savoir s'ils me correspondent encore, aujourd'hui.

Me ressaisir dans une parfaite neutralité émotionnelle, me permet de vérifier où j'en suis, et de savoir où est ma part réelle d'authenticité, dans ce que j'entreprends.

C'est admettre que je peux changer et me réorienter, si tel est mon souhait.

L'avantage de faire des promesses, surtout à moi-même, c'est de me garder l'assurance de bien rester dans mon axe, et de ne jamais oublier mes valeurs profondes et ce qui compte, pour que ma personnalité s'épanouisse.

C'est dire Oui à la sagesse, et Non aux influences et manœuvres douteuses ! Et c'est aussi me donner les moyens, ne pas flancher face à mes faiblesses ou déviances.

Le serment de servir la Grande Source de mon cœur, et au besoin de le renouveler si j'ai eu tendance à l'oublier, me rappelle l'essentialité de l'Amour dans ma vie et, toujours, m'indique les Vrais repères, qui sont intérieurs, au-delà des confusions et des bouleversements que peut me servir ce monde agité.

Être comblé par la profusion d'amour de soi-même !

Je parle toujours aux personnes posées sur mon chemin, car... j'aurais pu ne jamais les croiser !

Vis-je fermé dans ma bulle ou suis-je ouvert aux autres ?...

Pour célébrer mon temps passé sur cette belle terre, je décide d'interagir, de manière positive, avec tous les êtres que je découvre ! Bien sûr, je n'insiste pas, si des connexions naturelles ne sont pas clairement représentées.

Mais je prends conscience de la chance de croiser une personne unique, parmi huit milliards d'autres individus qui peuplent le globe !

Qu'a-t-elle à m'offrir ? Que puis-je lui apporter ? Sont les bonnes questions, toujours, à se poser.

Et plus j'avance dans des vibrations éclairées, plus j'aimante seulement les êtres qui me ressemblent, et plus je vis les félicités de merveilleuses retrouvailles !

Car même si elle m'apparaît nouvelle...

Une vraie rencontre est une reconnaissance de soi, en l'autre.

Une des meilleures choses au monde...
est de prendre dans ses bras une personne très proche...

que l'on rencontre, pour la première fois !

Un bel amour est plus fait pour être prouvé, qu'éprouvé.

Nous avons tous besoin d'entendre que nous avons de l'importance et de la signifiance, dans la vie d'un être qui nous est cher.

Je ne prive pas la personne que j'aime, qui compte pour moi, de mes gestes et paroles spontanés. Je n'omets jamais de lui adresser des phrases valorisantes, et de vibrer pour elle des attentions délicates, en lui donnant des témoignages de reconnaissance.

Soyons bon, avant tout, envers ceux qui le sont pour nous !

Ne soyons jamais avare de compliments et de mots doux.

Quand une personne précieuse est à mes côtés, je ne la mets pas au défi inutilement. J'évite au maximum de lui compliquer la vie, et j'ai à cœur de ne pas abuser de sa gentillesse et de ses qualités naturelles.

Je renvoie toujours l'ascenseur du donner et du recevoir, pour entretenir le divin équilibre de la vie.

Un bel amour se nourrit d'échanges, et il demande à être cajolé, souvent ! Il faut en être digne, et ne jamais l'outrager. Il est sain de veiller à ne pas l'épuiser par mes défauts de caractère, qui seraient trop prononcés ou récurrents… et même par un enthousiasme débordant qui ne prendrait pas en compte le rythme ou les priorités de mon partenaire.

Trop aimer un être, revient à l'étouffer !

Oui, il est bon de me surveiller, et d'offrir le meilleur de moi-même à un Amour, qui m'a fait la grâce de se présenter sur mon chemin...

Une relation réussie,

    c'est diviser les difficultés de l'existence.

        Et, non pas, les multiplier !

Qui n'aime pas la musique, les fleurs et les êtres sensibles, n'est pas fréquentable.

Aujourd'hui, je CHOISIS mes relations.

Je m'oriente résolument vers des êtres empreints de douceur.

Ce monde n'est pas tendre avec les gens délicats.

Mon choix est, tout à l'inverse, de déceler la préciosité de telles personnes, d'encourager leur belle nature, et de prendre soin d'elles, de la même manière que je mérite que l'on prenne soin de moi, en toute occasion.

Je bannis de ma sphère aimante la rugosité, le vulgaire et le balourd !

Et j'enrobe mon quotidien de toute la sensibilité requise, en lui conférant l'HARMONIE qui lui sied.

On reconnaît la beauté d'un être,
à son degré
de délicatesse,
envers les autres.

Prétendre quelque chose, c'est en réalité, ne pas l'être.

Je n'ai pas besoin de m'autoproclamer valable, pour le ressentir.

J'ai encore moins besoin de le prouver, pour le revendiquer, en mon être !

Nul intérêt à prétendre quoi que ce soit, car je me porte le plus beau des regards qui soit.

Tous les prétentieux masquent, en réalité, leur insuffisance d'amour et de respect envers eux-mêmes.

Quand on est réellement doué et efficace, on a toujours la reconnaissance que l'on mérite. Elle se passe souvent d'étiquettes, de distinctions de pacotille, ou de validations certifiées !

Mais elle s'enracine dans le cœur des êtres et elle nous revient, par des biais inattendus.

Il faut dire que la simplicité est l'une des grandes caractéristiques de la maîtrise.

Je réalise, que parmi toutes les plus belles et impressionnantes personnes qu'il m'a été donné de connaître, toutes ont une manière d'être, très simple, et aucune n'est véritablement célèbre, au sens où on l'entend communément !

En revanche, elles sont profondément aimées et respectées, par tous ceux qui, un jour, ont eu la chance de les croiser, et ont su reconnaître la vraie valeur des individus.

Les êtres d'honneurs préfèrent la gloire discrète.

On reçoit dans l'exacte proportion, de la quantité d'amour que l'on a pour soi.

Même si le plus beau des cadeaux se présente à moi… si je ne me sens pas digne de l'accueillir, je ne saurais, ni ne pourrais, en bénéficier !

À ce sujet, si je me retourne pour observer mon passé, je réalise bien que je n'étais, parfois, pas très capable d'appréhender à leur juste valeur, toutes les personnes ou circonstances de ma vie.

Cela provenait du fait que j'étais trop agité, et que je croyais, au fond, ne pas valoir la peine d'être aimé…

On m'a fait des cadeaux que j'ai piétinés, sans le savoir vraiment…

Alors, je ne m'en veux pas, je me pardonne !

Je respire un bon coup… et je médite, avec bienveillance, sur mon parcours.

Je remercie pour tout ce que j'ai vécu, et je considère qu'à un niveau de conscience plus élevé, tout était juste.

« En ce jour de vérité, j'accepte, désormais, de recevoir de l'existence !

Je décide, enfin, de me RECONNAÎTRE, à ma juste valeur. Oui, par serment, maintenant, je me sens prêt à accueillir le Meilleur ! Tout ce qui vient à Moi représente les reflets de mes Beautés, pleinement reconnues, identifiés et assumées.

Je reçois, en gratitude !...
Merci et qu'il en soit – merveilleusement – ainsi ! »

L'Amour n'est pas là, pour combler un vide...

Il vient célébrer l'Unité en Moi !

Mon intuition
ne me trompe jamais ;
c'est moi qui la trompe !

Comme c'est long de bien s'entendre avec soi...

...et de faire confiance à ce ressenti en nous, qui pourtant ne demande qu'une seule chose : nous guider, nous rassurer, nous montrer le chemin !

Oui, notre intuition nous l'avait soufflé, avec insistance... mais nous n'avons pas su – ou voulu – l'entendre !

Et, à l'inverse, nous avons faiblit, face aux chants des sirènes... nous nous sommes laissé emporter par un ami trop enthousiaste – qui parlait de ses propres envies, et non des nôtres – ou nous nous sommes laissé influencer par un rabat-joie, qui est venu freiner nos élans et notre enthousiasme qui, pourtant, étaient bien réels...

Alors, de grâce, prenons le temps d'accorder à notre intuition toute la grande attention qu'elle mérite !

Elle sent, bien plus que notre mental insistant, que nos émotions emballées ou nos pulsions incontrôlées, ce que nous désirons, au fond ! Car elle voit au-delà de l'instant, et elle connaît intimement ce qui est juste et bon pour nous, mieux que quiconque...

Elle sait ce que nous méritons vraiment.

Tout être qui ne suit pas son ressenti...

devrait être déclaré, coupable, de haute trahison !

Quand la création va...
Tout va !

      Créer,
C'est se faire sourire.
Et c'est vibrer, sans réfléchir.

      Créer,
C'est avancer résolument,
au-delà des principes du passé !

La vraie création ne se nourrit pas, seulement, d'hier.

Elle n'est pas reflet de pâles copies… elle est faite d'audace, de discipline joyeuse et de connexions célestes, savamment entretenues.

Elle prend sa source dans un désir total d'affranchissement.

La création est un équilibre subtil entre maîtrise et lâcher-prise.

Invoquons ensemble, en ce monde, la venue d'un Art Libérateur !

Un art qui enrichit l'esprit, et non pas l'appauvrit…

…avec, à sa suite, de nouvelles créations abondantes et nourricières pour l'âme, qui inspirent et favorisent l'élévation chez chacun.

La vocation de l'Art en mouvement,
                    est une forme de guérison !

Un homme est serein, quand il est près d'une femme qu'il désire, sans avoir besoin de lui faire l'amour.

Ah, désir, désir… quand tu nous tiens ! C'est parfois intense, presque irrésistible…

Mais quand ce n'est pas le moment idéal, et que l'envie n'est pas forcément partagée… ou qu'il est préférable d'attendre… alors, il est bon de différer ses ardeurs.

Un homme intéressant, n'est jamais trop pressant.

Si je suis bien installé dans mon Masculin, je n'ai nul besoin de le prouver.

Un homme, un vrai, est toujours à l'écoute des femmes. C'est à ça qu'on le reconnaît !

Prenons exemple sur la discrétion de nos chères Amies. Le désir féminin est tout aussi puissant, que celui des hommes. Mais c'est leur élégance à ne pas le montrer, qui nous donne l'illusion de la différence…

Méditons sur cela. Songeons à nos impulsions, parfois regrettables.

Par le souffle, et l'ouverture du cœur, élevons-les.

Et trouvons la capacité héroïque – nous, les mâles ! – de dépasser nos instincts brutaux, et de pondérer nos précipitations pataudes.

Nous avons tout à y gagner… car…

Avoir un côté féminin, plaît beaucoup, à certains types de dames.

Dans l'expression de la douceur
d'un homme de valeur,
circule une énergie féminine,
dans toute sa splendeur.

On ne peut pas rassurer quelqu'un, au-delà de sa capacité à se rassurer lui-même.

Je choisis de ne plus porter les autres.

Je ne peux leur transmettre ce qu'ils ne désirent pas expérimenter.

Tout être doit connaître sa gloire.

Où serait, sinon, son mérite, et où puiserait-il la confiance en sa valeur personnelle ?

À trop vouloir éviter à mes proches leurs souffrances et leurs peurs, je ne les aide pas, en réalité ! Car ainsi ils ne peuvent connaître le déclic qui leur permettra de vaincre les assauts de leurs « démons tentateurs », qui ne sont, souvent, que l'expression de leurs propres faiblesses.

J'accepte de briser ce rôle de « sauveur »… et je fais confiance à la Vie, pour inspirer et enseigner dans les cœurs, toutes les issues favorables à leurs dilemmes !

Je formule le vœu que ceux que j'aime, trouvent, par eux-mêmes, les solutions à leurs problématiques, et s'engagent, tôt ou tard, dans leur propre voie de réussite.

Chacun son chemin… et je m'occupe, désormais, du mien !

Il y a des claques qui sont faites
pour nous remettre dans l'axe.

Le jeu n'est pas vain. Il est DIVIN !

On m'a fait croire qu'en m'amusant, je perdais mon temps.

Et pourtant, de la sorte, je vibre intensément !

On m'a dit que batifoler était uniquement réservé aux gamins sans cervelle, et qu'il me fallait vite devenir adulte, responsable et sérieux…

Mais c'est criminel !... Car si j'oublie la part ludique de l'existence, je me ternis et je m'atrophie !

Je ne veux pas laisser s'éteindre ma part d'innocence. Alors je joue… je JOUE, pour garder l'enfant en moi.
Je désire renouveler, à l'infini, sa gaieté, et je fais tout en mon pouvoir pour le vivifier.

Je favorise, tous les jours, le bel espace d'amusement qui me fait sentir vivant.

Comme le disait si bien le chanteur Prince – qui était, d'ailleurs, le plus grand ! – : « Si je dois mourir un jour, avant je veux danser ma vie ! »

OUI, je veux la chanter… je veux virevolter, et faire des facéties et des plaisanteries le sel de mon quotidien…

Il faut que ça PULSE !

Pratiquons, avec délice, l'excès maîtrisé, et le jeu sans enjeu !

« Poésie, Douce Folie, et Fantaisie !
Si l'une de Vous me manque, je dépéris !
Que mes trois Fées m'accompagnent pour la Vie ! »

Toute merveille ne demande qu'à se déployer, si nous lui en donnons la permission.

Est-ce que je me permets l'extraordinaire ?...
Ou bien, ai-je abandonné mes rêves, sur le bas côté ?

C'est moi qui ai les clefs des portes menant à mes expériences.
J'arrête d'attendre qu'on les ouvre à ma place.

Et je remarque, à nouveau, toutes les données enchanteresses qui m'entourent.

La Vie n'est-elle pas une splendeur constante ?... Le flocon de neige, d'une perfection prodigieuse, l'arc-en-ciel, grandiose... le coucher de soleil, un ravissement, et la coccinelle, un petit bijou porte-bonheur ?...

Je n'ai qu'à ouvrir les yeux pour reconnaître le Merveilleux !

En focalisant tous mes regards, mes pensées et paroles sur le FANTASTIQUE, celui-ci se déploie dans ma vie, comme par magie...

L'énergie avec laquelle
mon attention interagit
façonne ma réalité,
engendre mes perceptions
et crée de nouvelles dimensions !

Incarnons le plaisir fou d'être Soi !

Mon grain de folie, je l'assume !

Quelle réjouissance de vibrer ma Fréquence !

Je m'enivre de Moi, sans rougir…

      C'est merveilleux de se savoir unique…

Il me plaît d'être, ainsi, original !

Aujourd'hui, je parie une nouvelle fois sur le décalé, en sortant du cadre !

J'invite à se manifester toutes mes capacités innées de me détacher du sérieux du monde, et de ses pseudo-gravités ridicules.

Oui, aujourd'hui, je serai une nouvelle fois audacieux et sauvage ! Au grand dam des bourgeois et des culs gelés que je fuis à toute vitesse, dans un éclat de rire salvateur !

Je vois toutes ces personnes cadenassées dans leurs petites peurs et leurs grands interdits. Mais je ne perds pas mon temps, ni mon énergie, à les juger…

Je m'en amuse plutôt, et je me satisfais d'avoir choisi une autre Voie : celle d'assumer pleinement le choix d'une totale indépendance, en vivant mes souhaits d'âme sans censure et, en vibrant ici-bas, la réjouissance d'être Soi !

Admirons l'intelligence des autres…

                    Tout comme leur bêtise !

Pourquoi relever
ce qui rabaisse ?...

Laissons les p'tites choses, aux petites gens !

Prenons de la hauteur… et ne perdons aucunement notre temps, et notre énergie, à répondre aux critiques, aux propos diffamants, comme aux attaques stériles.

J'ai confiance en ma valeur ; je lévite suffisamment au-dessus des contingences terrestres, pour ne pas me laisser atteindre par de basses vibrations !

Je laisse glisser…

Et j'envoie balader, d'un geste léger, ce que l'on a déposé sur mon aura comme salissures, et qui n'a fait aucune tache sévère, car…

Je ne m'y « attache » pas !…

Et je me rappelle, toujours, cette incontournable vérité :

Si on ne s'éloigne pas de ce qui ne nous convient pas, comment prétendre aller vers ce qui nous convient ?

Un être éveillé est à l'opposé du sérieux !

Je tiens à entretenir le regard de dérision que je porte sur les évènements, et à toujours observer avec amusement les agissements, curieux, de mes contemporains.

Et dire que l'on a tenté de me faire croire que l'être éveillé était nécessairement austère et besogneux !

Alors que je suis persuadé qu'il est, surtout, déconcertant et joyeux !

Les soi-disant codes respectables du monde le font pouffer sous cape, et il se nourrit bien plus de fraîcheur, d'enthousiasme, et parfois même, d'ironie !

Et pour cause ! Il a dépassé les vains enjeux traditionnels. Il a décomposé, une à une, les voiles des illusions et il ne voit rien de plus pathétique que de s'enliser dans une forme de contrition ennuyeuse. (Cf, *Jésus mon coach, dialogue entre Amis*.)

L'être éveillé déjoue tout ce qui est contre-nature !

Il ne se laisse jamais emporter par les courants de peur et les vents de culpabilité, qu'il observe avec grand détachement... et il se garde, en général, éloigné des plateaux de débats télé, desquels il serait très mal perçu...

*Ma fantaisie peut faire s'envoler
d'un courant d'air léger,*

toutes les lourdeurs et pesanteurs d'un bas monde.

Quand l'envie n'est pas là, aucune performance ne peut être feinte.

Quand on force, c'est qu'on est déjà allé trop loin !

Et si j'arrêtais de faire semblant ?

C'est indispensable afin d'espérer devenir, un jour, un éternel satisfait !

Être bien à l'écoute de mon être intérieur, me permet de ne plus agir de manière compulsive ou automatique.

Autrement, j'aurais toutes les chances de m'abîmer tant le physique que le moral.

Tout ce que je vis peut être impulsé par un élan d'énergie, probant et naturel !

Aller dans des directions dont les finalités ne sont pas couronnées par ma Joie, reviendra, très vite, à m'épuiser.

Alors, je me respecte... en arrêtant de me violenter et de me brutaliser.

Autre avantage considérable... si je suis motivé par une soif d'accomplissement profonde et véritable, dont les objectifs dépassent ma simple petite personne... des objectifs, qui seront alloués par les forces de l'Univers... j'aurais alors toutes les chances de soulever des montagnes !

L'harmonie,
c'est rythmer sa vie
sur le tempo de son cœur.

Je ne rends pas des devoirs, mais je réclame des envies !

Être performant tout le temps, mais quel ennui !...

Une société qui ne fonctionne que par obligation, ne peut être viable. On le constate aisément en observant les piètres résultats qui nous entourent…

Et moi, dans tout ça !?... À force de courir pour répondre aux attentes des autres…, je me suis perdu de vue ! Toute mon éducation a, en effet, été basée sur le « je dois faire », afin que ma personne puisse docilement correspondre à une sorte d'outil sociétal efficace.

Je réfute ce conditionnement ! Je ne suis pas là pour faire plaisir en permanence, en cherchant désespérément à prouver ma valeur.

Je ne suis pas là pour faire écho aux peurs entretenues de « manquer », et aux croyances qu'il faille se contenter de peu.

Ne soyons pas de simples terriens, des « t'es rien »… en étant esclave du devoir !

« VISONS HAUT ! Je reconnecte, maintenant, à mes envies fondamentales, que je satisfais une à une, car je suis venu(e) au monde pour être comblé(e) ! Je suis un Dieu Tout Puissant, relié aux énergies du cosmos ! Et je demande à l'Univers de m'inspirer, chaque jour davantage, la Voie de ma satisfaction réelle !

J'écoute mes ENVIES, car Je Suis EN VIE ! Qu'il en soit ainsi ! »

Passer à côté de sa vie peut laisser des traces...

En matière sentimentale, beaucoup se font un film sans demander l'avis du personnage principal !

Et si j'arrêtais les risques inconsidérés de l'emballement et des projections ?

Mon bonheur vrai ne peut qu'être issu du réel. Il se valide, au fur et à mesure, dans les expériences certifiées de mon vécu.

En matière sentimentale, il est terrifiant d'entretenir de manière chimérique un dévolu amoureux. Je peux ainsi passer mon temps à « attendre » une personne, en m'imaginant le plus clair de mon temps vivre avec elle un quotidien parfait et reluisant, qui ne se traduira, hélas, jamais dans la vie concrète !

J'entretiens, ainsi, toute une kyrielle d'émotions sur le seul fait d'apparences… en cristallisant, en moi, l'image soi-disant idéale, mais superficielle, d'un individu male ou femelle qui correspondrait à tous mes désirs… en me persuadant que mes sentiments seront un jour bel et bien partagés, sans en avoir, jamais, l'assurance !

Je peux m'appuyer sur le fameux : « Il, ou elle m'aime, mais ne le sait pas encore ! » ou « nous finirons forcément ensemble ! »… Croyances qui ont, bien évidemment, été confirmées par d'éminents médiums, spécialistes en « flamme jumelle » ou autres théories « new age », invérifiées et invérifiables…

Cela peut confiner au leurre total, savamment entretenu par mes rêves bercés d'illusions et autres délires naïfs, qui devront s'effondrer pour laisser place au désarroi et au retournement, parfois complet, de mes ressentis… la haine et l'emportement colérique pouvant flirter dangereusement avec l'amour illusoire.

Il y a pire qu'une

PEINE,

c'est une fausse

JOIE.

Je ne cherche pas à être vu par celles et ceux, qui ne peuvent pas me voir !

La scission vibratoire en ce monde n'a jamais été aussi flagrante…

Jadis, je n'avais guère le choix en côtoyant des êtres qui ne me ressemblaient guère. Comme ils étaient mon « monde d'enfant », je souhaitais tout naturellement être vu(e) et reconnu(e) par eux.

C'était peine perdue ! On ne peut reconnaître que ce que l'on porte avec conscience, en Soi.

Si, de par mon affiliation vibratoire, j'étais issu d'une planète très différente de la leur, alors nous ne pouvions réellement nous rencontrer.

Si j'observe bien, dans l'Univers, il existe une distance phénoménale entre les astres.

Et d'ailleurs, quand j'y songe, il m'apparaît que nous n'étions, sans doute, même pas de la même galaxie !

Désormais, cette réalité, je l'accepte !... Et, chaque jour davantage, je m'éloigne de tout contexte dissonant et je me rapproche de ma Vraie famille spirituelle !… De toutes celles et ceux qui portent, en eux, la marque de l'Amour Pur et de la Lumière Pure, et qui me voient tel que Je Suis.

Notre fréquence d'être s'apparente aisément, et nos âmes se reflètent dans nos yeux avec évidence.

Pour être complices,
encore faut-il être de la même planète !

Nos facteurs de réjouissance demandent à être livrés, à bonne adresse !

Une relation qui est une « béquille », éprouve quelques difficultés à marcher convenablement…

Je l'ai éprouvé, mainte et mainte fois… jusqu'à me poser la bonne question :
…à quoi bon voyager si ce n'est pas pour avoir… une belle correspondance ?

C'est ainsi que j'ai pris un jour la décision d'en finir avec les histoires conflictuelles et laborieuses ! (Et il m'est apparu, à cet égard, que le meilleur moyen de mettre un terme à une relation qui tournait en rond, était de prendre la tangente…)

Et, un beau matin, j'ai fait le choix… de passer commande à l'Univers… pour vivre l'évidence, et le majestueux, en Amour !
(Cf .Verbes de demande, *La parole qui éclaire votre chemin, Tome 2.*)

Comme j'ai eu raison de le faire ! Car l'appel franc et définitif de mon Verbe, m'a permis, ensuite, de vivre un rêve éveillé !… En t'enlaçant et en te respirant, encore et encore, Toi, mon bijou d'Amour… qui berce mes jours et mes nuits !

Oui, depuis lors… toute ma vie s'apparente à une coulée d'Or…

Dès que je me laisse glisser dans ta sphère,
je connais une alchimie qui régénère
l'ensemble de mes structures cellulaires.

Ayons la sagesse de laisser à l'Univers, le soin de répondre à toutes nos questions.

À quoi bon les diplômes, quand l'existence s'occupe de nous faire passer tous les examens et initiations nécessaires à notre croissance spirituelle ?

Et pourquoi échafauder mille questions, quand les réponses sont déjà présentes en mon cœur ?!

Pourquoi se mêler de l'avenir, quand le présent me l'offrira sur un plateau d'argent ?

Quel intérêt, de regarder avec anxiété les prévisions des « spécialistes », de se laisser happer par les guidances superficielles des médiums… ou d'interroger des « grands voyants » onéreux, quand tout peut être déjoué, rejoué et réinventé à chaque instant ?

Ne vaudrait-il pas mieux me laisser aller au courant bienfaiteur de la Vie ?

« Demandez, et vous recevrez ! » nous disent les Écritures…

En cette Voie d'autonomie, j'apprends, par le Verbe sacré, à faire les demandes ajustées à mes souhaits d'âme… et je laisse l'UNIVERS y répondre, par des biais étonnants et parfaits ! (Cf. *La parole qui éclaire votre chemin, Tome 2.*)

C'est tellement plus gratifiant d'être un CO-CRÉATEUR !

Je n'aurai, ensuite, qu'à ouvrir mon cœur aux messages envoyés, à les accueillir avec CONFIANCE, à les embrasser de tout mon être, avec la spontanéité et l'enthousiasme voulus.

« Apprendre par cœur »
est une expression charmante,
que les professeurs ont mal expliquée !

Je suis l'être le plus fréquentable du monde !

Pourquoi désirer, toujours, de la compagnie ?

N'est-ce pas merveilleux d'avoir du temps pour soi ?!…

À la maison… avec un bouquet de fleurs que l'on s'est offert… avec ces bougies allumées avec soin, pour célébrer cette soirée… en ma compagnie !

Avec cette musique qui berce mes rêves… et ce repas, savamment préparé, à mon goût… là encore, rien que pour moi !… Dans l'amour de Soi.

C'est si bon de se respirer, en cet instant…

Oui, ce soir, je dîne avec moi-même ; et je me sens l'être le plus admirable de l'Univers !

Mais quelle chance j'ai… de me privilégier, de m'apprécier à ma juste valeur… de me choyer !…

Ce soir, j'ai ouvert un grand cru, et je lève mon verre pour trinquer avec la beauté de mon être !

Égoïste ? Pas du tout !… Heureux, tout simplement, d'être MOI ! Et une fois ressourcé de ces moments paisibles pleinement savourés, je pourrais aller librement, à nouveau, vers celui ou celle qui fait chanter mon cœur, par exemple… en temps voulu…

Ne soyons pas trop pressé !
Il me reste tant, à me découvrir !…

Jouir de Soi… pour mieux jouir de l'autre !

Je vis le mauvais film de mon histoire, jusqu'au jour où je décide d'en écrire, moi-même, le scénario !

Enfant, je singeai ceux qui m'entouraient – mes parents en tête – bien malgré moi ! J'ai été grandement influencé péniblement par la manière dont ils ont vécu et m'ont perçu.

Si j'ai été encouragé dans ma nature instinctive, alors c'était parfait comme invitation à la vie.

Mais si, au contraire, on m'en a dissuadé et condamné dans mes élans, cela a pu influencer mon avenir, en venant diminuer le baromètre de ma confiance personnelle.

Surtout, si j'étais très sensible… ces désapprobations ont pu m'entacher gravement, en créant des blessures, des failles, des doutes…

La joie de mon enfant intérieur s'est alors érodée, même si elle était tellement désireuse de s'exprimer…

Cela perdure, jusqu'au jour béni où je reprends les rênes, et où j'ai à cœur grâce au VERBE SACRÉ, d'effacer ce programme sinistre, pour me relancer dans une Vision beaucoup plus claire et déterminée de ce que je désire vraiment !

Cette vision déformée de moi-même… je l'EFFACE !
Ces permissions que je n'ai pas eues, je me les DONNE !
Cette reconnaissance qui m'a manquée, je me l'OFFRE !

Et cette joie qu'on m'a ôtée…
Je la recouvre, à nouveau, avec foi et CONFIANCE !

C'est parce que je viens de loin... que j'irai loin !

La maturité sentimentale est de passer d'aimer futile... à aimer utile !

Avant, je donnais à tout va, sans vérifier que la personne en face était garante de me renvoyer mes belles énergies dépensées. Et, souvent, je me suis retrouvé déçu, frustré et en colère. Car je faisais des choix qui ne servaient pas mon équilibre.

Je me laissais charmer par le superficiel, par les beaux parleurs, ou par des physiques avantageux… et je confondais sourires de façades, avec la vraie nature des êtres !

Mais voilà que cette époque est révolue ! OUI, aujourd'hui, par serment, je choisis de vivre une relation sentimentale authentique, qui engendre du positif et qui me donne de la Joie au cœur ! Et je bannis, avec force, toutes les autres !

Dans ma vie affective, j'ai le droit de penser, en premier lieu, à ma satisfaction. Et pour m'assurer que mes interactions actuelles servent bien mes intérêts justes, et m'apportent largement ce que je mérite, il est aisé de le vérifier, par les questions suivantes :

– Est-ce que les vibrations de l'être aimé résonnent avec les aspirations de mon âme ?

– Est-ce qu'il/elle est respectueux(se) de mon rythme et de mes choix ?

– Est-ce qu'il/elle me porte le regard, fait les gestes, et me prononce les mots qui enrichissent mon estime personnelle ?

– Est-ce que, depuis que je le/la fréquente, je ressens un phénomène d'élévation et de bonification personnelle ?

– Est-ce que cette relation se vit dans la fluidité, la légèreté et la fantaisie ?

– Est-ce qu'elle est suffisamment présente et parfaitement à mon goût ?...

Répondre aux questions utiles à mon épanouissement me permet de valider – ou bien de stopper net – mes expériences !...

Ne pas confondre
ne pas s'embêter,
avec avoir des embêtements !...

Il est fascinant, avec du recul, d'observer la dimension dramatique que je rajoutais à mon existence. Afin de ne pas m'ennuyer, je me créais pléthore d'ennuis !

Parce que je ne connaissais pas la douce sérénité de l'esprit, j'entretenais confusion sur confusion…

Parce que la paix du mental m'était étrangère, je faisais des soucis mon meilleur passe-temps !

Et, comme la fluidité et la simplicité relationnelles m'étaient inconnues, j'étais devenu spécialiste en désordres et en caprices !…

Dans l'oubli total de l'accueil de l'amour inconditionnel et de ses vertus, le chantage affectif et les tensions omniprésentes, faisaient loi en ma demeure…

Et toutes ces activités saugrenues me donnaient le sentiment, un peu flou, d'occuper mes journées, dans la croyance d'aller de l'avant, alors que je stagnais… en revenant, sans cesse, au point zéro d'épanouissement !

Tout cela est révolu ! J'ai, depuis, appris à évoluer dans la Joie, et j'ai eu soin de me laisser guider par les énergies légères, dans un quotidien facile, agréable et bénéfique où grâce à ma soif existentielle et à mon Verbe, tout chante et danse, gaiement !

Ma nouvelle Vie n'a rien à voir avec celle d'hier !

Elle est devenue une merveilleuse aventure, faite de créations stimulantes, et chaque journée naissante m'offre des possibilités joyeuses d'enrichissement personnel et de partages de qualité, que je manifeste avec force, enthousiasme et rapidité, dans la matière !

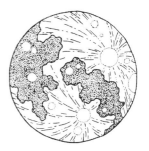

Il faut beaucoup d'énergie pour échouer !...

Les choix qui ne tiennent à rien, ne tiennent jamais beaucoup !

À quoi reconnaît-on la marque de choix élevés ?

Ils ont l'adhésion silencieuse et profonde des murmures de l'âme.

Ils lévitent, par-delà le compliqué, et me hissent toujours vers la meilleure définition de moi-même !

Parfois, ils me demandent le courage de dépasser mes craintes, de bousculer mes repères, mais en les ayant traversées, j'en ressors toujours grandi et affermi !

Je fais des choix qui m'émerveillent, et qui sont le fruit d'instants nourriciers pour toutes mes cellules…

Ils posent délicatement dans ma mémoire des souvenirs émouvants et vibrants.

Ils laissent une marque indélébile en mon être.

Les choix qui ne tiennent à rien sont issus de projections, de penchants éphémères, de goûts provisoires, d'éblouissements factices.

Les choix auxquels je tiens me ramènent au Grand Tout, à la beauté fondamentale, et au désir sacré de donner du SENS à mon existence.

J'avance avec mes peurs mais jamais...

à contre-cœur !

Prenons des cours d'insouciance.

Voilà encore de la matière précieuse que l'on a omis de m'enseigner à l'école !…

Du coup, comme je n'ai absolument rien appris ni retenu à ce sujet, j'ai beaucoup de lacunes !… Et il me faut tout rattraper ! Cela me demande des heures de pratique… où je m'évertue à balayer réflexions ennuyeuses, à faire fondre rigueurs obsédantes, et où j'annule, avec soin, toutes mes prévisions inconsidérées !

Progressivement, je deviens, ainsi, capable de relativiser tout élément tragique ! Tout en caressant le but suprême… un jour, peut-être… d'arriver à me foutre royalement des enjeux terrestres !

Seuls compteront alors la beauté des sentiments, les vertus de l'instant présent et l'abandon des préoccupations superflues, pour vivre le laisser-aller de mes élans légers… qui couleront définitivement vieilles angoisses et autres inquiétudes bouffeuses de temps et d'énergie !

Vivement que je redevienne un expert en sans soucis ! Et que je me lègue la confiance absolue, que je dois à la Vie…

Comme seront belles, alors, mes retrouvailles avec mon insouciance… et sa collègue de toujours, l'innocence !

J'ai l'audace de ne pas expliquer ce qui m'échappe !

Faire mieux que ressusciter : se délivrer de la culpabilité !

La culpabilité est une gangrène qui ronge les années de ma vie.

Je me demande, parfois, pourquoi tant de choses semblent réussir aux méchants. C'est parce qu'ils ne doutent de rien ! Et qu'ils ne connaissent point le remord.

Alors, je prends exemple sur eux… non pas pour faire de la méchanceté mon credo, mais, à mon tour, pour croire en moi, sans hésitation ! Et pour aller au-devant de mes rêves, sans aucun doute parasite.

Pour cela, il convient de mettre le barème de mon estime personnelle, au plus haut.

En me sentant aimé, inconditionnellement, au plus profond de moi, en sachant que L'AMOUR INFINI ne porte aucun jugement, car il différencie, toujours, mes actes et mes pensées de ce que je suis, en réalité… je peux asseoir, en moi, le sentiment vrai de ma juste valeur !

Si le Christ m'aime, TOUJOURS, et sans aucune dépréciation… Soyons dignes de Lui, et portons-nous le regard qui est le sien !…

Il me suffit de m'observer, par Ses Yeux, pour m'Aimer vraiment.

Je lui dois bien cela !

En faisant, à chaque instant, de la Grandeur Universelle mes références pour moi, comme pour mon prochain, je m'évite tout égarement, et je m'oriente résolument vers une vie qui laissera une marque élevée dans le cœur des êtres.

Quoi que je fasse, quoi que je dise...

La Source de Vie m'aime toujours...

Même si elle me préfère...

quand Je Suis Tout Amour !

La clarté provient du désir de tout observer avec transparence.

Je ne suis pas une autruche !

« La Vérité libère », disait le Christ ! Le déni est une erreur lourde de conséquences, car à ne pas vouloir regarder une personne ou une situation en face, on s'enlise dans les faux-semblants et les illusions dévastatrices.

En ne disant jamais rien, je peux faire croire à l'autre, n'importe quoi !

Si je n'émets pas des propos clairs sur ce que je veux ou pas, difficile de me positionner avec cohérence ; et la personne en face peut facilement agir à contrario de mon équilibre, surtout si je l'encourage, par une forme de silence complice, dans une voie qui ne me convient pas, en réalité.

Sans clarté, rien de tangible ne se fait.

Je peux m'améliorer en portant un regard transparent sur ma nature, sur mes désirs et non-désirs, et en renforçant ma capacité à vivre plus sereinement en m'écoutant, et en toute situation, en m'exprimant librement !

Également, tout s'améliore, quand j'arrête de ne pas vouloir voir et reconnaître les aspects de l'autre qui me dérange, même si cet « autre » est important dans ma vie…

Je refuse désormais « l'angélisme », en ne retenant que le côté lumineux des êtres ! J'accepte la part d'ombre de chacun... (Cf . Verbe 98, *La parole qui éclaire votre chemin, Tome 2.*)

Ainsi, j'arrête d'en prendre « plein la gueule », car je peux orienter mes fréquentations avec plus de discernement, de limpidité et de justesse, en prenant des décisions qui servent, enfin, mes intérêts !

*On ne peut pas être dans le **déni** et se sentir **béni**.*

L'Univers observe ceux qui résistent... mais accompagne ceux qui lâchent !

Suis-je né pour être enchaîné ? Que nenni !

Ma nature primordiale est la Liberté.

C'est ma plus belle victoire, dès que j'abats les murs de la prison des attentes et des réflexes, issus du mental.

Me dégager de toutes formes d'attaches, me permet de respirer bien plus confortablement !

Avec du recul, je remarque que bon nombre de situations que j'ai traversées se sont modifiées, à partir du moment où j'ai cessé de vouloir les contrôler.

Alors, je lâche... je lâche, et l'Univers ADORE ça !... Car, à ce moment-là, il peut enfin faire de moi son INSTRUMENT...

Il peut œuvrer et m'employer pour le Meilleur ! Car j'ai eu à cœur de ne plus contrarier ses plans de par ma volonté, ou mes résistances.

J'aurais ensuite juste à répondre gentiment présent, à ce qu'il est en train d'orchestrer DIVINEMENT, pour ma propre et grande satisfaction.

Et à croire de tout mon être dans les bienfaits naturels... de la NOUVEAUTÉ !

L'attachement me réduit.
Quand le lâcher-prise me donne de l'espace !

Sans compassion, je ne suis rien.

La dimension réelle d'un individu ne se mesure pas en trophées accumulés, ni même en réussite, purement sociale.

C'est dans mon aptitude à me vouer, avec empathie, à une générosité spontanée et à une compréhension plus large, que je me bonifie et me grandis.

Si mon cœur ne bat pas pour autrui, si je ne suis pas relié à mes frères et sœurs, si je suis insensible, sans regard ni perception envers ceux qui souffrent ou me demandent de l'aide, que suis-je ? Pas grand-chose… peut-être même du néant cosmique !

C'est avoir de l'humanité qui me rend accessible au Vivant.

Avec la compassion, je me décentre du petit moi et de ses croyances puériles, et je m'ouvre au GRAND CŒUR UNIVERSEL !

Avec son pouvoir, tout s'adoucit et se pacifie !

Avec elle, toute situation trouve résolution…

Aucune dureté, aucun combat, aucune hostilité…
ne résiste à la puissance d'un cœur,

affermi par la Grâce !

Avoir fort besoin de quelque chose est le moyen le plus efficace... de ne pas l'obtenir !

Cette loi universelle ne se désavoue jamais ! Plus j'aurai besoin viscéralement d'un élément dans ma vie, plus fortement je ressentirai son absence... et moins vite je l'obtiendrai !...

En outre, il est impossible d'attirer toute une pierre précieuse, que l'on rejette encore, par certains de ses aspects ou reflets ; on ne peut pas aimer ce que l'on craint !

Alors, si une situation reste bloquée... plutôt que de pester et de maudire, par exemple, la gent féminine ou masculine..., ou d'accuser des paramètres extérieurs... j'accepte qu'il y ait encore, en moi, des résistances, des phénomènes inconscients qui en freinent l'avènement.

Allez, reconnaissons-le ! Si une chose « ne vient pas », c'est tout simplement parce qu'on est pas encore PRÊT à l'accueillir dans des conditions positives et favorables ! L'Univers préfère que je ne perde pas mon temps en ressassant des vieux schémas ou peut-être, au préalable, que j'abandonne mes revendications personnelles, parfois trop impérieuses ou prétentieuses...

« Que votre maison soit propre », disait le Christ ! En d'autres termes, est-elle suffisamment libérée des pesanteurs – et des personnes – du passé ?... Y ai-je fait de la place, pour recevoir ce que je souhaite, avec un cœur ouvert et bienveillant, et en y faisant régner un bel état d'esprit, exempt de préjugés et de toutes barrières de défiance ?

Le désir vibrant est élément d'aimantation de notre souhait, quand son besoin nous en éloigne !

C'est le lâcher-prise qui ouvre les vannes de situations inédites !...

Et qu'est-ce que le lâcher prise, sinon l'art de ne plus rien attendre ?

C'est quand on a besoin de

 rien

que l'on peut jouir de

tout

Je me rends disponible pour Moi.

Je n'ai pas à être là, en permanence, pour les autres !

Ce n'est pas tenable.

J'ai le droit de décliner une offre, ou même un rendez-vous, déjà programmé.

Si je sens que l'équilibre de ma balance interne et vibratoire n'est pas ajusté, c'est qu'il me faut IMPÉRIEUSEMENT me retrouver !

J'ai le devoir d'organiser tout ce qui peut me permettre de mieux orienter mes priorités, et de ne pas les négliger !

Quand une lampe torche n'a plus de batterie, elle n'éclaire plus et perd ainsi sa belle fonction. Si ma bulle personnelle d'énergie vitale a fait « pshiiiit ! », tout doit être mis en œuvre pour la recharger, au plus vite !

Quel que soit l'amour que j'ai pour un partenaire de vie ou une affection débordante pour des amis, je ne me laisse jamais culpabiliser d'avoir besoin de temps pour moi.

Il faut dire que les gens se croient remplis, quand il y a du monde autour. Alors que, bien souvent… ils s'encombrent !

Aimer, ce n'est pas renoncer à soi-même…

c'est renouer avec son être cher !

Est-ce que le cœur chante ? Voilà la question essentielle ! Tout le reste est détail et insignifiance.

Le cœur vibre, surtout, chez les vrais sentimentaux.

Or, le romantisme n'est point une mode passagère

Qu'on pourrait prendre à la légère...

C'est une ode à l'éternité

Une volonté d'Être, décalée.

Bien loin des contes et des fables

C'est une petite particule en Soi favorable

Suggérant et manifestant, l'Amour, l'audace et la beauté !

Si l'on a toutes les récompenses et les honneurs du monde, mais que notre cœur est asséché et qu'il ne chante pas de louanges – alors, nous aurons perdu.

Je réclame le droit d'être, à la fois, léger et profond !

Catégoriser, pour mieux ensuite opposer, semble être des manies françaises.

Pourtant natif de ce beau pays, je ne dois pas être un vrai français !

Car mes penchants naturels se sont toujours éloignés du besoin d'être étiqueté…

Je n'en ai aucun mérite, je sors du cadre.

Toute définition classique me passe au travers !

Si l'on me réduit à une image, ou même à un simple style, c'est prendre le risque de rester très en surface, et de se tromper lourdement, pour finir bien décontenancé !…

Pour celui qui vit encore dans la dualité, et qui a besoin de définir étroitement les choses et les êtres pour se rassurer, je suis un mouvement de panique ! Car avec un minimum d'attention, c'est peu aisé de me réduire à quelque chose d'apparenté aux critères ambiants…

Et pour cause ! Passer de la frivolité, de l'humour décalé, à une vraie profondeur dans un instant très bref, ne me fait pas peur !

On peut même dire que c'est ma spécialité !

En vérité, je serai horrifié de n'émettre qu'une seule et même tonalité, quand la Vie est plurielle par nature, et qu'elle peut se permettre toutes les audaces, quand par elle souffle un vent de liberté !

Je préfère mille fois m'assumer dans mes contrastes et diversités, que d'avoir à supporter une vie tellement « plombante », qu'elle en serait mortelle !

Une vie basique, qui ne me procurerait aucune exaltation réelle…

Tous ceux qui étaient partis durant l'été pour tout oublier, ont rendez-vous à la rentrée avec...

leur mémoire !

On a appris le vocabulaire et la grammaire.
Mais, rarement,
il nous a été enseigné...
de bien savoir nous parler.

Les mots ont un si grand pouvoir...

Le langage, comme outil de la pensée, est privilège des humains, qui l'utilisent souvent, à vrai dire, sans grande responsabilité ni finesse !

Attaquer l'autre, en parlant, est tellement facile... pour toujours plus le braquer ou le faire se sentir jugé.

Ne serait-il pas temps d'apprendre une autre manière de s'exprimer, qui prend davantage en considération la personne en face dans sa fragilité, et son désir d'être respectée dans ses croyances ?

Pour cela, j'arrête d'abuser de mots vindicatifs, issus de phrases hâtives et péremptoires !

Je deviens plus conscient et délicat, en débutant mes phrases par le « je », qui exprime les préférences de mon ressenti, plutôt qu'en abusant directement d'un « tu » accusateur, ou d'un « vous, comme ceci », ou d'un « vous, comme cela... » qui agresse, le plus souvent, mon interlocuteur, et ferme la communication.

Je ne confonds plus hurler, et me faire entendre.

Et mes mots choisis avec soin appellent la conciliation et offrent de la considération…

Bruits et cris,

sans conscience, abîment la vie !

Seul, le VERBE nourrit les hommes

et les réconcilie pour un avenir radieux...

Une personne
qui vous aime mal,
est toujours là pour vous dire,
comment l'aimer.

Je commets l'égarement adolescent, d'une personne émotionnellement immature, si je peste envers l'être dont je suis amoureux, tout simplement parce que ses attitudes ne correspondent pas à mes attentes !

Je ferai mieux de me demander pourquoi j'ai choisi quelqu'un, dont les choix entretiennent mon malaise intérieur !…

Voilà une hypothèse : peut-être, est-ce, pour mieux conscientiser ce malaise justement, et pouvoir m'en libérer !

Car, si je cherche plus ou moins inconsciemment à façonner l'être dont je suis épris(e), si je persiste à espérer qu'il réponde davantage à mes fantasmes ou mes envies … parfois, même, en occultant ses préférences à lui, qu'il m'a pourtant maintes fois répétées… alors je suis dans le déni et je fais fausse route !

Si je suis frustré(e) et contrarié(e), c'est à moi de m'interroger sur la pertinence de mes choix, et non pas à l'autre de changer ! Qui suis-je pour lui demander cela ?....

Et si je me trouve, plutôt, dans la position de la personne en face… en me laissant parfois manipuler ou attendrir – ce qui peut revenir au même –, jusqu'en perdre mon équilibre, dans l'oubli total de mes priorités… alors je me rappelle le test suivant :

Quel est l'être libre ?

C'est celui qui peut décliner une invitation ou une proposition, en objectant un simple :

« Merci, mais je ne le sens pas ! »

Et si on lui rétorque en fulminant, « mais pourquoi ?!!!! », alors il est capable de répondre une deuxième fois, « parce que je ne le sens pas ! », sans sourciller, sans s'irriter, sans besoin de se justifier… et sans même en ressentir le moindre malaise.

Vouloir convaincre
une personne de vous aimer,
c'est la persuader
que vous n'êtes pas aimable !...

L'humour envers soi adoucit les peines et élargit l'esprit.

C'est facile de s'amuser des autres, mais il est bien plus sain de rire de soi !

Se gausser de notre prochain peut, parfois, nous faire tomber dans les travers de la moquerie, du jugement, de la grossièreté gratuite ou de la mesquinerie.

Quand rire de notre personne nous allège, et permet de relativiser les composantes de l'incarnation !

S'amuser de nos manquements, de nos faiblesses, de nos petites manies, et disons-le, parfois de nos grosses bêtises, nous libère du fardeau de devoir être parfait en tout point, et nous dispense de rester accroché à nos expériences.

L'humour envers soi-même soulage les plaies, fait fondre les lourdeurs, et nous désengage de la gravité !

Il suffit, alors, d'un fil d'Ariane, pour que mon rire irrépressible vienne déclencher, aussitôt, celui de ceux avec lesquels je vis une belle complicité… et nous soulèvent ensemble, au-delà des fluctuations et autres vicissitudes du quotidien, pour nous faire sentir reliés, dans notre humanité, faiblissante, certes… mais si souvent porteuse d'espérance !

Distinguer le Vrai, *du risible…*

Les 12 étapes de la soirée enchanteresse d'une maîtresse...

1. Trouver le lien entre très peu se réjouir, et ne jouir que trop rarement !

2. Souhaiter ne plus être complice d'un désir inassouvi.

3. Sentir que ce qui nous énerve, est parfois proche de nous exciter !

4. Opter pour un bel héroïsme, qui fait dans la dentelle.

5. Se laisser observer de dos, pour saisir le tempérament de celui qui s'y trouve.

6. Porter des apparats qui, une fois ôtés, laissent encore plus d'éclat !

7. Préférez le grand pouvoir de la volupté, à celui, très mince, de la volonté.

8. Se laisser submerger par une merveilleuse perturbation.

9. Parler une langue universelle, sur la géographie d'une anatomie.

10. Garder sens pratique, en ayant toujours l'amour sous la main.

11. Supplanter se faire désirer, par le bonheur de satisfaire !

12. Laisser les egos s'évanouir, pour que l'âme puisse, par les corps, s'épanouir.

Face à son visage étincelant,
je fus le chercheur d'argent
qui découvrit, enfin, sa mine !...

La notoriété donne l'illusion de l'intelligence.

À une époque où la superficialité est triomphante, où le « pathétique » est la référence, où les débats s'entrechoquent dans le mental opaque et où les lauriers viennent surtout congratuler l'absence de talent, il y a forcément de grandes victimes !

Ce sont toutes celles qui sont propulsées du jour au lendemain sous les feux des projecteurs, sans la solidité intérieure et la profondeur requise pour ne pas le vivre en état de déséquilibre.

Les voilà jetées en pâture aux micros-jouets, aux photos retouchées, aux commentaires surabondants, et à tous les « likes » et autres « clicks », des complices du vide intersidéral !

Il est alors fort aisé pour eux, en fonction de leur position dite avantageuse, mais très trompeuse, de se croire soudainement importants ; et où le fait d'être mis en lumière, les font se supposer brillants.

Hélas, il n'en est rien !... Et à moins d'un terrible malentendu, cela ne fait que grossir leur propension innée au ridicule, en nous aidant à remarquer leur cogitation en circonvolutions un peu trop étroites, et à nous étonner, parfois distraitement, de leur capacité à tomber dans l'oubli des registres de l'histoire, aussi vite qu'ils y étaient rentrés !

Et ce revirement de situation peut ensuite provoquer, chez eux,
un dur retour de manivelle !...

 De grâce, misons notre réussite sur l'épanouissement
intérieur, bien plus que sur l'assurance, éphémère,
d'être projeté au centre des écrans par du vent.

Grâce aux réseaux sociaux,
Ce sont ceux qui n'ont rien à dire,

qui font le plus parler d'eux !

La première élégance est celle du cœur.

Je peux être paré des plus beaux vêtements à la mode, en faisant scintiller les diamants les plus prestigieux du bout des doigts, et arborer quantité d'autres ornements de prestige…

Mais, si je suis vide de l'intérieur… une fois tout cela enlevé, il ne me restera pas grand-chose !

Je peux même avoir une sorte de style, un certain goût prononcé pour l'association des couleurs et des accessoires… mais si je suis « sale » de caractère, infect dans mes attitudes, par condescendance ou mépris… mon élégance s'effritera au premier élément révélateur de ma vraie personnalité !

Il se peut même qu'elle soit anéantie par le regard intérieur, fin et observateur, de celle ou de celui qui me dévoilera derrière ma façade – à priori – impeccable.

Je comprends que la vraie élégance n'est pas là pour éblouir, pour susciter la fascination, ou pour accumuler des « followers » !…

Mais par une attitude digne, compatissante et désintéressée en tout point, elle témoigne du Très-Haut, incarné en l'humain.

Bien loin des caméras et des articles élogieux, elle se fait applaudir par les anges.

Car elle porte en elle un regard pétri d'amour sur les êtres qui en manquent…

Elle œuvre souvent en toute discrétion, et son panache est de réussir admirablement, et sans besoin de retour, là où la médiocrité et la lâcheté échouent.

De nos jours, on survole tout.

Sans, jamais, voler très haut...

Le risque le plus grand, est la peur de vivre !

Cette société du pauvre est obsédée par le risque zéro.

Elle oublie, au passage, que naître est déjà un risque !

Mais que c'est aussi une chance formidable qui nous est léguée d'expérimenter l'existence, avec une FOI ABSOLUE !

La peur peut anéantir tous nos élans, tous nos rêves, jusqu'à parfois nous prendre notre vitalité ou même notre santé !

Elle peut nous rendre à la merci de tous ceux qui en font commerce...

Elle ronge nos os, nos cellules... entretenue par des basses fréquences, elle est poison !

Mais... elle est aussi une énergie forte, que je peux utiliser à bon escient !

Comment ?... En réalisant que derrière toute peur se cache une autre facette de moi-même, qui n'aspire qu'à vibrer la découverte ; et à jouir de l'instant !

Alors, je répète, sans plus attendre, sans retenue, et à voix haute :

« Que mes peurs soient transmutées en JOIE, en Beauté et en EXALTATION ! Que tout ici devienne Célébration !
Dans cet instant d'émancipation, je souris largement à la Vie, et la Vie me félicite grandement ! Merci, et qu'il en soit ainsi ! »

Et déjà je respire bien mieux ! Car toute peur panique est une face avariée de l'existence.

De l'autre côté de la pièce (de théâtre…), une aventure magnifique m'attend !...

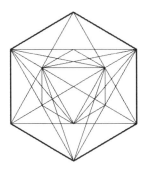

La peur me sert d'appui pour m'élancer vers la réalisation de mes désirs !

L'expérience est une illusion du temps.

Ce qui réussit le plus dans ma vie n'a, parfois, rien à voir avec le nombre des années, les diplômes accumulés ou les formations et validations d'un cursus dit « officiel ».

C'est, souvent, juste la permission donnée d'être tout simplement… Moi !

C'est la reconnexion avec le souffle du Puissant qui attend d'être attisé par la force de mon VERBE, proclamé en pleine conscience !

C'est la redécouverte de ce qui m'appartient, depuis toujours. Le temps – et les vieilles croyances qui l'accompagnent – sont des empêcheurs de vivre !

Seul l'instant pleinement conscient, me ressuscite !

En lui, se trouve la certitude que je n'ai rien – absolument rien – à apprendre, mais juste à décréter, avec forte puissance, Qui Je Suis, vraiment !… :

« Je Suis un Être Divin !... Manifesté ! – et révélé ! – ici, irrésistiblement, par action de Grâce et par l'Amour consacré ! »

Oui… c'est bien cela !… Un être Divin, qui porte, en son sein, un cœur si rayonnant… qu'il peut dépasser aisément, tous les codes pénalisants du monde ancien !

Quand une beauté véritable se reconnaît...
Tout l'espace-temps s'arrête, pour la servir !

Ne rien faire est un savoir-faire !

Si certains ont visiblement du mal à s'arracher le poil qu'ils ont dans la main et se complaisent dans l'oisiveté, en ne créant rien de probant de leur existence, d'autres ont un tout autre challenge... apprendre à ne RIEN FAIRE, et à en jouir !

Dès qu'ils lâchent la pression, ils entendent cette petite voix coupable qui vient les titiller pour leur dire : « C'est pas bien ! »

Il leur est très difficile de réellement se détendre. Ils croient que le mérite ne se situe que dans « l'agir »... et que, s'ils ont le malheur de laisser en suspens des tas de choses « urgentissimes », ils en recevront de terribles punitions.

Et pourtant ! Non seulement j'ai le droit de ne rien faire, et de l'apprécier grandement, mais en épousant cet art subtil et raffiné, je prends tout le carburant souhaité pour mieux me consacrer, ensuite, à mes activités !

La Vie n'aime pas trop le déséquilibre ; si je suis toujours dans l'action, je paierai « cash » mes doses de suractivés ! Par un épuisement devenu inévitable, une maladie, qui sera la résultante du non-respect de mes besoins dissimulés, ou par le fameux « burn-out »... car le travail, c'est la santé... enfin, ça dépend !...

Et, ce qui est magique, c'est de réaliser que lorsque je ne fais rien, je reçois, en fait, quantité d'informations précieuses ! Car c'est à ce moment-là qu'une part de moi, supra-consciente, œuvre magnifiquement pour mon plus grand bien ! Je lui ai laissé tout le champ libre pour s'exprimer, par-delà ma volonté effrénée et bien souvent, réductrice...

Mon intuition grandit dans l'espace calme du silence.

Il y a, partout, des gens intéressants ! Et très peu de gens intéressants, partout...

Quels que soient leur milieu social, leur culture, leur religion, leurs origines diverses et variées, on peut s'assurer que des gens biens existent, partout !

Alors je n'entretiens aucun préjugés, je bannis les généralités et je ne créé aucune ségrégation dans mon esprit. Je m'ouvre, spontanément, à ce que je ne connais pas ou peu, bien persuadé que, toujours, je peux m'enrichir dans un nouvel apprentissage d'un terreau humain, différent du mien.

En même temps, je suis très lucide sur la nature de mes contemporains qui, d'ordinaire, sont un peu perdus, et quelque peu figés dans leurs comportements. Le savoir m'évite toutes formes d'idéalisations regrettables, et me protège d'éventuelles déceptions amères. Si, par une conversation houleuse ou des attitudes déplacées, je ne me sens pas accueilli avec tolérance et respect, alors je me détourne, sans regret...

Et j'ai bien conscience qu'il n'est pas, de mon intérêt, de fréquenter des personnes détentrices d'énergies lourdes !...

En résumé, j'espère toujours le meilleur des autres, mais je suis en même temps bien conscient de leurs possibles faiblesses ou de leur taux vibratoire, qui n'est pas toujours séduisant.

Je sais donc être sélectif dans mes relations ! Comme je sais, aussi, faire preuve de mansuétude envers mon prochain, afin de n'entretenir en moi aucune rancœur ou aucun jugement, qui seraient préjudiciables à ma santé.

J'aime et je me protège, tout à la fois !

Je fais conjuguer l'utopie et le réel,

en me laissant pousser des ailes !

Comment déceler les pervers ?
Très simple.
Dîtes-vous que ce sont des gens comme vous !

Quelle révélation ! J'aurais une dose de perversité en moi !… Et si je ne suis pas allé dans certaines extrémités en la matière, comme l'avait souligné Ghandi, c'est peut-être que j'ai eu la chance de ne pas traverser les expériences qui y conduisent !

Que j'ai eu la force d'âme effective, de me détourner de la facilité de faire du mal, parce que j'en avais subi, jadis !… Que j'ai pu m'extraire, grâce à mon niveau de conscience, de la mauvaise formule du « rendre coup pour coup » !

Voyons clair ! Chaque homme ou femme est potentiellement capable du pire. Surtout les femmes. Euh, non !... Surtout les hommes, je voulais dire ! Enfin, ça dépend !... Dans tous les cas, tout est entre nos mains, en notre pouvoir.

Une parole peut bénir, comme honnir…
Un geste peut caresser, ou bien frapper…
Une intention peut apaiser, ou attiser…
Une introspection peut pacifier… mais une pulsion peut tuer !

Alors, bien conscient de mes propres faiblesses, j'ai la sensation que je suis frère / sœur de tous les humains, quels que soient leurs actes. Bien sûr, si mes proches ou mon intégrité sont touchés, il est juste de me défendre en ressentant une saine colère… colère que j'aurais soin de ne pas transférer en haine.

Même si c'est souvent difficile à concevoir pour l'intellect humain, je sens que rien n'arrive par hasard, en ce bas monde… et que tout est juste à un niveau plus élevé.

Au bout du compte, tout est chance de se reconstruire Soi, et d'aller vers la Voie de la réconciliation et de la pacification de notre histoire commune.

J'ai atteint une gestion,

plus représentative,

de mon équilibre !

Médias, où l'art de faire passer pour importantes, des choses insignifiantes...

L'art de nous effrayer, au lieu de nous enthousiasmer !

Mais est-ce bien de l'art, après tout ?...
Quand on suscite l'excitation et qu'on encourage très peu la concentration…

Quand la sagesse ne peut pas s'exprimer car on en a plus le temps…

Quand la laideur est de mise et que le vulgaire s'enlise !

Quand tout courant de pensées est orienté par des intérêts… politiques, financiers, idéologiques ou que sais-je encore !…

Quand on reconnaît une information « officielle » à ce qui est toujours déformé… que reste-t-il ?

Sinon la nécessité de prendre de la distance, pour respirer hors de ce surplus d'images fugaces, qui nous crispe l'âme, et nous emporte bien trop loin de la retenue et du discernement…

Il reste aussi le service que les pouvoirs médiatiques nous rendent, de veiller à baser nos idées, nos choix et nos envies sur nos ressentis et nos valeurs propres, hors de toutes influences néfastes à notre équilibre !

Et c'est encore un animateur télé qu'on allume…
et un philosophe qui s'éteint !

Si tout dans notre vie est nourrit par l'Esprit en Soi… alors, plus de combats !

Qui lutte ? La part de nous qui ne se sent pas aimée !

Qui a besoin de prouver ? La personnalité blessée !

Qui veut gagner ? L'ego, sans cesse contrarié !

Mais qui apporte la paix, annule les combats du passé et nous régénère sur l'instant, comme si rien d'important n'avait existé jusqu'à présent :

Le Divin en Soi, la Vie Éternelle en Nous !

Invoquons leur Puissance, et laissons-leur le soin de souffler leur vibration d'Amour et de Paix sur les méandres de nos pensées, sur les agitations de nos p'tites émotions, et sur nos sempiternelles questions, qui tournent en rond…

Car l'Esprit est là, logé en notre cœur, et Il a la solution à TOUT.

Le Christ a déjà répondu… à la question…

– « Où est-il le Royaume, Maître ? »

– « Le Royaume ?!... Mais il est au-dedans de Vous ! »

La bataille qui sévit en notre cœur,

nous fait jouer perdant !

On n'est pas à l'abri
de bonnes surprises...

Les intentions que je nourris dès le réveil vont définir, pour une grande part, le déroulement de ma journée !

Soit, je décide de cheminer sur un sentier, parsemé de pétales de roses... en le faisant fructifier par mes émanations de pensées positives, d'émotions confiantes et paroles bienfaitrices... et – c'est très important ! – en me sentant parfaitement digne d'accueillir le Meilleur dans ma vie...

Soit, je rumine ! Je pestifère, je maudis, je broie du noir... et j'entretiens le programme terrible que quelque chose va encore me tomber sur la tête !

Hein !... Alors, quel est mon choix ?...

Peu importe les expériences d'hier !... Où j'ai, d'ailleurs, récolté ce que j'avais semé, inconsciemment !... Car aujourd'hui, est venu le temps d'engendrer une NOUVELLE RÉCOLTE !

Je CHOISIS de rendre cette journée favorable au charmant, de la rendre parfaitement probable aux zestes de génie, aux partages joyeux, aux fraternités spontanées, et à tout ce qui se présente en grande fluidité !

Oui, j'espère logiquement, et j'engendre définitivement, moult surprises savoureuses en ce jour !!

Le tout en ayant l'ardent désir de profiter de chaque situation bénéfique qui m'est offerte !...

Dès lors, je ne suis plus exempté d'être le témoin de cadeaux incessants qui tombent du ciel.

Car je mérite tant d'être comblé par la Vie !...

On n'est jamais mieux aux commandes d'un rêve que l'on a façonné soi-même...

Il n'y a rien de plus beau qu'un être qui a fait la paix en lui.

L'homme tourmenté ne connaît jamais la félicité.

Est-ce que ce long chemin qui est le mien, n'aurait pas comme finalité la paix des cieux installée en mon sein ?!

Cet état du Bouddha, tant souhaité par mon âme, n'est pas hors d'atteinte !...

Dès que je ressens que « tout ce qui remonte » de mon histoire personnelle, à un moment donné, est une occasion de guérison… et si je saisis, une à une, chaque opportunité de délivrance, alors je me rapproche, pas-à-pas, de mon but suprême : vivre la communion de l'instant, sans plus aucun conflit parasite, persistant !

J'ai confiance. Aucune zone d'ombre ne peut résister à l'éclat de la Lumière !

Au fil des ans, en installant consciencieusement ma paix intérieure, non seulement je contribue concrètement à installer la paix sur cette terre… mais je deviens aussi une source d'inspiration pour les autres !

Ma sérénité force l'admiration, et l'on me voit comme le mât droit et solide, au milieu de la tempête.

Face à toute situation qui se veut déstabilisante, mon visage apaisé et mon regard bienveillant, parlent pour moi.

Que la Paix Soit !...

Je vibre la paix...

Si les enjeux et les batailles du vieux monde

ne me concernent plus !

Quand l'âme se réjouit...
Le reste suit !

Je base désormais ma Joie sur ma seule valeur sûre… mon Pur Esprit !

En essence, cet Esprit était déjà parfaitement présent avant mon incarnation, et il continuera de me porter légèrement, bien après mon passage sur cette terre…

Je ne suis pas que cette « apparence physique », aussi splendide, soit-elle !…

Si je compte sur la seule satisfaction de mes corps (mental, émotionnel, physique et sexuel-instinctif) pour m'épanouir vraiment, j'irai au-devant de sévères illusions et d'inéluctables frustrations…

Pourquoi ? Parce qu'ils sont périssables !... Bien qu'étant fort utiles, ils ne sont que les instruments de mon incarnation, et non pas ma réalité la plus haute et transcendantale.

Ils sont les attributs d'une Force subtile et immanente… mon âme !

C'est elle qui connaît le sens de ma vie !… Elle seule peut appliquer les conditions justes de mon bonheur, et seulement ses ramifications puissantes peuvent porter, contre vents et marées, les visions de mon être réel.

C'est ma dimension spirituelle qui m'apportera le succès tel que Dieu l'entend, et me l'inspire chaque jour, comme un vent léger, qui allège les fardeaux de mon cœur… et m'insuffle l'élan vital pour me faire connecter à la beauté vraie, à la grandeur des sentiments et au goût des belles choses.

L'invisible, n'est que du visible, qui attend le moment parfait pour se révéler à mes yeux...

Rien de décisif ne s'est fait sans un acte de foi.

Certaines personnes obsédées par la crainte n'arrivent pas à lâcher ce qui ne les rend pas heureuses ! Elles sont effrayées par l'idée qu'elles vont devoir abandonner le peu qu'elles ont, sans aucune assurance d'obtenir ce qui pourrait mieux leur convenir...

Elles veulent que la vie les gratifie, sans prendre le moindre risque ! Et elles se privent, ainsi, de tout élan personnel qui les ferait grandir en confiance !

Si je fais partie de ces personnes, je dois apprendre que l'Univers souhaite que j'ai ma part d'héroïsme, dans toute entreprise ! Il veut me voir croître dans des choix forts, qui démontrent ma disposition à aller vers plus d'harmonie et de cohérence.

L'Univers, dans sa majesté, ne va pas donner de chèque aux craintifs... ou à celles et ceux qui ne se positionnent pas clairement !

Dès que je me respecte et que j'arrête de me trahir... que je traverse mes peurs pour prendre mon envol... je déclenche la Voie des possibles !

Quand je mets fin à la frilosité et aux hésitations, j'entends déjà le crépitement des acclamations !

Dès ce choix suprême de m'émanciper, les anges m'applaudissent, et les portes de l'Éden s'ouvrent !...

Elles s'ouvrent vers une forme d'incertitude où vous vous retrouvez à nu, certes… Mais… ne vaut-il pas mieux cheminer dans la découverte de nouvelles aventures, que de faire perdurer, par des aspects bien trop déprimants, une situation de voie de garage qui sent le moisi ?

Je vous laisse méditer dessus !…

Il ne faut pas avoir peur de perdre une chose, en se positionnant.

Car c'est aussi en gagner bien d'autres !…

Mettre sa vie sens dessus-dessous, pour l'avoir à l'endroit !

Il ne faut jamais perdre de vue la puissance de transformation que nous pouvons avoir sur les évènements, comme sur les éléments !

Quand parfois naît en moi le sentiment évident que tout est à revoir…

Je ressens bientôt l'élan magnifique de chambouler mes habitudes plan-plan et il me vient le réflexe irrésistible de renverser tous mes vieux placards !... Il était devenu indispensable de faire dégager ce qui me paraissait, hier encore, nécessaire au décor.

Et cela dans la finalité essentielle… de M'ALLÉGER !!

Avoir une vie trop rangée me fait songer au macchabée dans son caisson.

Mais enfin !... Réalisons que ne jamais rien changer, c'est s'ankyloser !

Garder du vieux qui ne résonne plus avec mes vibrations actuelles, c'est affreusement m'encombrer.

Allez ! Jetons tout ça, par la fenêtre !...

Hop, hop !... Virons ces piteuses inutilités et ces souvenirs entachés de gris !

Balayons tout ce morose !!

INSUFFLONS de la VIE et de la couleur Rose !...

Hier encore, j'étais amoindri.

Désormais, je suis infini.

C'est fou comme l'Amour peut changer un homme !

Aucun malheur d'autrui ne justifie que l'on se rende malade, soi.

C'est un peu triste, c'est vrai… mais c'est surtout réconfortant !

La mélancolie n'est-elle pas une forme de tristesse emballée dans un souvenir joyeux ?

Tout peut coexister, sans mal. J'ai le droit de me sentir super bien, même si tout n'est pas beau autour de moi… et même si des personnes connaissent le désarroi.

Je n'ai pas à culpabiliser, pour autant ! Cela est important de s'autoriser d'être heureux, même si d'autres ne le sont pas.

Sacrilège – ou plutôt, privilège ! – je peux être mille fois plus satisfait dans la vie que mes parents ou mes amis !… Surtout si j'ai su m'en donner les moyens et la permission…

Chacun est bien responsable de sa propre vie.

En étant malheureux, on aide personne… et ce n'est même pas un gage de solidarité, car le négatif s'additionne toujours et n'allège jamais rien ! Nocif, par nature, il convient de toujours le désamorcer.

J'adhère à ces belles sagesses :

Si tu te fais victime, j'accepte que cela soit ton choix.

Si tu vis une épreuve, je ressens de la compassion, je te prête main forte, sans hésitation. Mais je ne vais pas me laisser ternir, en pensant que ça pourrait améliorer les choses…

On ne va tout de même pas être malheureux pour faire plaisir !

C'est dans les ténèbres que l'on a le plus besoin, de Lumière et de Joie !

Le choix est un destin qui s'ouvre.
Ou qui se ferme !...

C'est moi qui façonne ma vie, par MES CHOIX !

Je refuse de remettre les clés de mon destin à des forces inconnues, en subissant des faits sur lesquels je n'aurais aucune prise…

Par conséquent, il est bon de me demander, en premier lieu, si mes choix sont issus de ma volonté réelle ou influencés par autrui ? Si je me suis laissé orienter par un tiers, alors je suis comme la girouette que les vents ont détournée de son axe d'origine.

Or, c'est à ma SUPRÉMATIE consciente, de choisir !

Également, je peux me poser les questions si c'est le bon moment de prendre ce choix ?... M'apportera-t-il joie et réconfort ?... Ou bien viendra-t-il, à coup sûr, engendrer des complications, des déperditions d'énergie ou des inconforts inutiles ?

Si je m'abstiens en ne prenant pas une direction, alors je ferme une porte et ses éventuelles opportunités. Car le non-choix… est AUSSI un choix !

En revanche, si je prends une direction délibérée, je trace une voie qui engendrera des fruits, des conséquences, des récompenses, et peut me demander des responsabilités…

Il n'y a aucun choix anodin.

Tout choix, en réalité, me définit.

Et des choix que je prendrai, je recevrai !

(Pour s'assurer que mes choix soient bien sources d'harmonie, j'effectue les Verbes de choix et d'incertitude, dans le Tome 2 de La parole qui éclaire votre chemin, pages 38 et 39.)

Je suis la Force de mes choix intérieurs.

Je me détache des illusions de ce monde.

Noël, jour de l'an, évènements sportifs, commémorations et fêtes d'anniversaire ou de mariage… sont autant d'attachements à la dualité et au passé, que du temps et de l'importance donnée à des illusions, liées la lumière inversée !

Qu'est-ce donc que la lumière inversée ? C'est la récupération, en quelque sorte, par des forces de l'ombre, de symboliques terrestres qui sont sensées réjouir les humains, mais qui, en réalité, les enchaînent à de vaines occupations, en les portant à croire essentiels bon nombre de célébrations factices, pour la plupart vidées de tout sens spirituel.

Donner de l'importance à ce qui n'en a pas est le plus sûr moyen de ruiner sa vie !

Si je rentre dans ce petit jeu, je peux conditionner ma joie et mon humeur par des évènements extérieurs, et surtout je prends le risque de me laisser dévitaliser par les énergies d'hypocrisie ou de déchéances qui, la plupart du temps, les accompagnent…

Soyons clair, tout cela ne signifie pas grand-chose pour mon âme !

Peut-être, un jour, ces « passages » pourront être réinventés, purifiés des basses vibrations qui les encombrent, et retourneront à leur essence de rituels purs et sacrés.

D'ici là, ils resteront un terrain propice à la consommation frénétique, aux leurres en tout genre, à la dépendance sournoise, ou carrément à l'avilissement, pour quantité de personnes qui n'imaginent pas tout ce qui, à l'arrière du décor, trouve grand intérêt à exploiter leurs agitations tant mentales, physiques, qu'émotionnelles !

Je me réjouirais bien de leur bonheur...
s'il n'était pas si trompeur !

Si on n'expérimentait pas l'approximation, on ne pourrait jamais effleurer la perfection.

La recherche de perfection est une paralysie.

Mon plus grand défaut… c'est d'être trop dur avec moi-même !

Manquer d'indulgence envers mon comportement, revient à me martyriser !

Me condamner pour des broutilles, m'en vouloir à la première distraction naturelle, me vilipender dès que ça ne tourne pas rond, comme je l'avais imaginé… qui peut croire que ça apporte des résultats positifs ?... Cela renforce ma piètre estime personnelle, et cela entretient en mon corps, des sources de tensions inimaginables !

Essayer, trébucher, se relever, parfaire son comportement est, en réalité, inhérent à la nature humaine…

Apprendre à marcher pour un bébé, ça veut dire, aussi, atterrir des dizaines de fois sur les fesses !

Apprendre à parler, cela signifie, immanquablement, balbutier, des centaines de fois !

Devenir un homme meilleur, c'est apprendre de ses erreurs…

Être performant, c'est s'exercer encore et encore…

Me juger sévèrement quand les résultats ne correspondent pas à mes attentes idéales, vient freiner considérablement mon rythme d'évolution, et c'est même prendre le risque de devoir renoncer, si mes exigences de réussite ne tolèrent pas l'imperfection !

La devise du mâle humble et réaliste :

« C'est **bon** d'être dur !...

Mais c'est dur d'être **bon !** »

On peut se remettre de tout, quand on sait qu'une épreuve est aussi, une chance de renouveau.

Toute douleur est une invitation à une compréhension nouvelle.

Ce que l'on vit souvent comme un revers, n'est qu'un panneau indicateur de la Vie qui nous montre que la voie est ailleurs.

La plupart de mes « combats » sont, en fait, des opportunités d'apaisement de mon histoire tourmentée… l'accepter, c'est avancer, bien plus vite !

En observant mes années passées… je perçois que ce qui m'apparaissait comme un échec, était en réalité l'information transmise par l'Univers que j'insistais lourdement dans des directions, peu en rapport avec mon épanouissement véritable !

Là où s'exprime une volonté acharnée se niche une potentialité de déceptions à répétitions !…

Dès que j'ai su lâcher prise avec mes projets nostalgiques ou égotiques, et que j'ai enfin laissé les forces de vie me guider dans des voies nouvelles, tout s'est alors rapidement allégé…

… et mon vrai destin s'est affiné !

En définitive, chaque souffrance m'a permis de me renforcer, de me bonifier et de pouvoir vous dire aujourd'hui, sans rougir, avec l'immense soulagement de celui qui a traversé la tempête sans y dépérir :

« JE SUIS HEU-REUX ! »

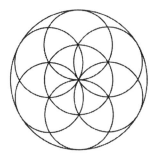

Beaucoup de nos peines s'avèrent, avec du recul, être des bénédictions...

... à vouloir trop faire plaisir aux autres, on peine à songer à soi !

L'oubli de soi ne devrait pas être autorisé par la loi !

Faire naturellement plaisir, quand c'est le bon moment, parfait.

Mais se priver au passage de répondre à nos propres besoins, en pensant qu'ils ne sont pas importants, et en entretenant la croyance que rien ni personne ne peut les satisfaire, revient à se sacrifier !

Toujours garder en tête, et présent au cœur, la priorité de notre équilibre interne, afin que l'existence soit confortable et harmonieuse.

Apprendre à mieux me servir, voilà un magnifique dessein !

Qui peut le faire, mieux que moi ?...

Recevoir abondamment, sans me sentir ni en danger ni redevable, voilà un bel objectif de vie !

Être gratifié, célébré et choyé, peut devenir mon nouveau référentiel essentiel de corps et d'esprit.

Ensuite, je pourrais encore mieux distribuer aux autres, car je serai empli et riche de tous mes bénéfices reçus.

Les gens intéressés sont nombreux ! Mais ceux qui s'intéressent vraiment à vous et qui veulent sincèrement votre bonheur, sont aussi rares que neige au printemps...

La beauté est rarement lisse. Et les gens qui n'ont jamais souffert sont vilains...

La douleur, parfois, nous construit.

Nos épreuves d'hier sont devenues nos forces d'aujourd'hui !

Quelqu'un qui a surmonté obstacles en tout genre, est fréquemment bien plus riche qu'une personne qui est restée en surface des vicissitudes de la vie…

Quand nous les avons acceptés, parcourus avec bonne volonté, et que nous avons su relever leurs défis… nos parcours sinueux nous ont conduit vers de verts pâturages et des rives calmes, douces, et préservées comme le printemps.

On ne devient pas un capitaine aguerri, sans avoir éprouvé la coque de son navire ballottée par les vents déchainés, et sans avoir traversé victorieux tous les remous, en ayant fermement gardé son cap vers l'horizon plus clément !…

Seuls, celles et ceux qui sont allés bien à l'intérieur penser leur plaie, se sont vus épargnés d'une superficialité ennuyeuse.

Les êtres courageux qui ont enduré la souffrance, et ont su la transcender, ont appris à être parfaitement aux commandes de leur existence.

L'homme influençable prend le large, sans gouvernail !

Désirer faire d'une relation ce qu'elle n'est pas, et vouloir la faire perdurer plus qu'elle ne doit, sont les deux sources inutiles de bien des tracas !

Une relation épanouie est un voyage à deux où l'on se découvre avec souplesse, où l'on se fait des surprises qui font du bien à l'âme, et où l'on s'inspire des avancées personnelles, comme des créations communes enthousiasmantes…

Seulement, cela ne s'invente pas… et se force encore moins !…

Si après plusieurs vérifications une personne ne correspond pas à nos désirs idéaux, reconnaissons-le et passons notre tour !

Car, comme le voilier en haute mer, poussé par un vent favorable, une relation doit être portée, spontanément, par la Joie.

Et si après qu'elle fut bien là, cette joie s'absente… alors il est bon de s'interroger !

Et de saisir l'opportunité de communiquer sur ce qui nous l'a fait perdre : une confiance érodée, un manquement à la parole donnée, une intervention abusive de notre partenaire sur nos choix, nos idées… son irrespect de nos besoins, de notre rythme personnel ou de nos priorités…

Mais s'il ne s'agit pas d'une des conditions précédemment citées… alors cela veut peut-être tout simplement dire que le voyage qui fut le nôtre a pris fin, sous sa forme habituelle ; et qu'il convient à chacun de voguer vers d'autres rives, avec un(e) nouvel(le) accompagnant(e)… en devenant, au passage, si l'on peut, de très bons Amis...

Et cela n'est pas nécessairement dramatique, si c'est parfaitement ressenti et profondément accepté !

 *Encourager une personne qui ne sait pas ce qu'elle veut, c'est comme avouer de ne pas le savoir avec elle !*

Si vous êtes dans l'axe de votre vie, tout devient jubilation.

Si mes journées n'ont pas avec elles le sens désiré par mon être réel, elles s'étirent en longueur et sonnent comme un dur labeur…

Un sentiment diffus d'être à côté de la plaque, se fait tenace !

Ça arrive à coup sûr, lorsque j'ai priorisé uniquement les moyens d'engendrer des « profits »… et que j'ai privilégié les objectifs rassurants d'atteindre des résultats « concrets »… en omettant de parier sur mon épanouissement VÉRITABLE !

Je me suis laissé entraîner sur des rails contraires à ma vibration originelle, et j'ai co-créé, sans le savoir, toutes les malchances d'avoir une piètre existence où je suis réduit au rang de subalterne, de pantin à produire… ou même, de faux gagnant !

Eh oui ! Car les réussites purement sociales peuvent, elles aussi, avoir au bout d'un certain temps, un goût amer… si ma vraie Mission de Vie n'a pas été reconnue, encouragée de mes belles intentions, et si elle n'a pas été manifestée irrépréssiblement dans la Joie.

Alors, oublions tout ce que nous avons fait avant, et fuyons les sécurités illusoires !…

Et laissons, enfin, l'Univers nous placer dans l'axe JUSTE voulu par notre âme ! (Cf. Verbe de demande de sa Mission de Vie, *La parole qui éclaire votre chemin, Tome 2*, p.43.)

Il y a beaucoup à gagner, à opter pour notre Voie réelle.

Et il n'est jamais trop tard pour vouer le meilleur de soi-même, au service de la Nouvelle Conscience !

Il y a tant à

réussir,

en cessant de se

fuir !

Les expériences que l'on a repoussées, sont celles que l'on n'a pas voulu traverser, par crainte de trop les aimer !

Ah, il faut être prêt pour le bonheur ! Faut l'avoir dans le sang, faut en avoir soif ! Et ne pas reculer piteusement, s'il se présente !...

L'accueillir demande de s'être débarrassé d'un complexe redoutable : l'indignité !

« J'y crois pas !... Même si c'est bien, ça ne durera pas... Pouh, je serai forcément déçu(e)... Pourquoi moi ? Il doit y avoir une erreur !... etc. »

Voilà autant de phrases à BANNIR, à jamais !

Prévoir une déception, c'est déjà l'aimanter...

Pour bien recevoir, il ne faut plus vibrer le sentiment de ne pas le mériter !

Quand cette croyance me devient parfaitement étrangère, je peux alors réceptionner, légitimement, tous les CADEAUX de la Vie !

Bien sûr, quand je suis amoureux, il y a deux peurs profondes qui peuvent venir me titiller et me bloquer : je serai dépendant(e), et/ou je serai abandonné(e)...

Aujourd'hui, je comprends, je ressens que ces craintes sont issues du petit enfant en moi qui a connu, jadis, des interactions relationnelles éloignées du programme de la justesse et de l'amour pur.

Mais une fois libéré des liens de ces vieux schémas fantômes douloureux, je peux progressivement m'OUVRIR, à nouveau ! Aimer, à nouveau, en confiance.

L'adulte que je suis peut s'apporter, de lui-même, toute la chaleur aimante dont il a besoin, afin de s'assurer paix et sérénité au quotidien.

En toute circonstance, l'Autonomie,
tant affective que financière,
est la clé de la délivrance !

Casser règles et conventions. Oublier les interdits de la raison... et ressentir l'infini bonheur d'être Vivant !

Les enquiquineurs ne sont souvent, rien d'autres, que des petits fantômes dans ma tête qui, à coup de « ça ne se fait pas ! », « t'as pas honte ! », « n'y pense pas ! » et autres « tu es fou, voyons ! » me freinent dans mes envies et coupent mes facilités instinctives à vibrer l'existence !

Souvent, je me plains que j'ai eu des parents affreux et une existence sordide, influencée par des personnes qui n'ont eu de cesse de me casser, et de favoriser en moi complexes en tout genre.

Mais je ne me rends pas bien compte que bien des années plus tard, je n'ai plus besoin d'eux !

Et c'est bien moi, tout seul, comme un grand, qui fais perdurer vis-à-vis de mon être un discours parfaitement indigne, s'appuyant sur un programme limitant.

Je suis, au fil des ans, devenu extrêmement doué pour censurer mes rêves, pour me punir, pour me contraindre à toujours rester sage, rangé et parfaitement policé, tout seul, dans mon coin.

Si je ne suis pas capable d'enrayer ce disque interne et de transmuter – par le Verbe – tout ce qui en moi me dessert... hélas, mon formatage perdure !... Et tout dans ma vie se fait parodie...

Mais si la réflexion froide cède…, si mes vieux principes sont jetés par-dessus bord (car ils me freinent, à contrario de mes valeurs profondes qui me donnent des repères !), si mes journées ne sont plus réglées comme du papier à musique… car je me permets de saines digressions et de délicieuses transgressions… alors le sentiment d'être bien VIVANT renaît !

Car tout ce qui m'avait hier, contraint et automatisé, n'est plus entretenu et encouragé en mon for intérieur…

Tout besoin que je n'assume pas,
se transforme en situation que je subis !

Il faut lécher la pudeur au vestiaire.

Est venu le temps de m'observer avec transparence, et d'être ébloui par tant de beauté !

Est venu le doux moment de la reliance de mon cœur tout puissant, avec ma zone sacrée.

Ne plus être disséqué, décomposé, compartimenté !...

ENFIN !... Relier toutes les parts de moi-même !... Et déployer mes ailes, pour m'élancer dans la Vie Nouvelle !

Mon sexe n'a pas à refouler sa puissance… nier son charme et ses attraits, c'est prendre le risque soit, de le dénaturer et de m'assécher, soit, de laisser ses instincts me dévorer.

Je choisis d'être merveilleusement innovant, face aux restrictions hypocrites qui me furent imposées !

Je me réapproprie, à plein, toute ma volupté sensuelle… je ne refoule plus mes belles envies, et j'appelle mes désirs à se VIVRE dans leur dimension la plus débridée !

Je ressens tout un bouillonnement magique en moi, comme une merveilleuse énergie chaude, qui me porte et m'élève !

Et cette ascension commence en épousant de bon cœur ma part animale… ma dimension sauvage ! Grrrrrr !...

Je ne vivrai pas ma sexualité sacrée dans le refoulement, les inhibitions ou une pudeur excessive…

Alors, OUI !… Soyons VIBRANT !… Et parfaitement flamboyant… et, tout particulièrement, si cela est encouragé par deux magnifiques personnes en présence, qui par CHOIX et RESPECT, souhaitent ne se donner aucune limite dans leur priorité à vivre leurs étreintes les plus audacieuses et passionnées !

Il n'y a rien de dégradant
à être un bel ingrédient...

C'est aux petites choses qu'on décèle les grandes.

Au début, nous sont toujours donnés les signes qui nous montrent s'il faut avancer ou reculer… mais nous les laissons passer, sans grande attention ! Nous les rangeons au rang d'insignifiances, alors qu'ils étaient bien là pour nous indiquer si les conditions étaient favorables ou pas !

Rien ne se produit par hasard… si l'on rencontre quelqu'un « Rue des Cœurs Aimants » ou plutôt « Rue du Calvaire »… il est, peut-être, utile de s'en souvenir…

Cette phrase que prononce ce quelqu'un au premier rendez-vous, qui vient heurter nos valeurs, nos goûts, ou encore nos sens des priorités… ne la minimisons pas !… Elle est, déjà, le signe d'une incompatibilité avérée.

En revanche, avoir croisé la même personne deux fois dans une immense ville, le même jour, à des endroits totalement différents ! Sans que rien de spécial ne le prédestinait… comme c'est intéressant !

Avoir remarqué une étoile posée sur un sentier menant à une surprise qui va nous ravir… avoir observé un ciel ombrageux s'ouvrir pour, soudain, admirer une lumière reluire… avoir senti l'atmosphère étonnamment s'alléger, comme nos cœurs s'adoucir… autant de synchronicités sur lesquelles il est bon de s'arrêter, pour réaliser qu'une chose remarquable est, peut-être, en train de se produire…

C'est aux infimes détails, que l'on pressent  *si l'aventure sera belle, grande et passionnée !*

L'homme noble sert ses intérêts, dans la stricte limite de son intégrité.

Une des différences notables entre l'homme nouveau et celui du passé, est son degré d'intégrité…

Si je désire servir la nouvelle conscience, je suis, bien entendu, soucieux de mes intérêts propres, et je veille à ne pas être lésé dans des situations diverses et variées.

En revanche, il m'est devenu impensable de retirer des profits en faisant fi de mes valeurs profondes, ou en éludant mes buts spirituels.

Dans l'ère du verseau, ce n'est plus l'argent à tout prix ! Je m'enrichis en nourrissant avec passion les autres, en les aidant à se libérer de leurs chaînes, en faisant fructifier leur potentiel, et en facilitant leur existence, plutôt qu'en asservissant leur nature, en les spoliant, en les manipulant, ou en les exploitant honteusement !

Tout pareillement, me rabaisser, me trahir, ternir mon moral, en prenant le risque de sombrer dans l'ennui pour « gagner ma vie », me paraît désormais une vision bien misérable !

L'intégrité n'est plus un vain mot ; elle est une absolue priorité, qui s'oriente aussi bien envers ma personne que pour autrui, car nous sommes tous inter-reliés !

La noblesse, pas dans l'esprit de vieille bourgeoisie… mais dans une attitude élégante du cœur et un refus de compromission aux viles choses, accompagne cette intégrité avec une digne tenue de caractère de chaque instant.

Soyons focus… en prononçant bien le « s »
à la fin !

Libre et responsable, la seule voie du salut.

Devant les enjeux de notre civilisation, le vieux monde ne semble opter que pour toujours plus de privations de liberté, et pour une forme d'abrutissement général !

Cette société adore nous culpabiliser pour rien, et nous infantiliser pour tout !

L'individu est perçu comme une brebis égarée (ou menacée, ce qui revient à peu près au même…), qu'il faut contenir à tout prix, quitte à le rendre, chaque jour, un peu plus infirme et dépendant. Cet individu ne peut se gérer et s'en sortir tout seul, pense-t-on !…

Il lui faut encore plus de lois et d'amendes pour lui indiquer la « bonne marche à suivre », afin qu'il évite de se faire du mal ou d'en faire aux autres.

Il faut le condamner, s'il sort des clous !… Le maintenir, de force si besoin, dans des repères toujours plus étouffants, mais soi-disant créés pour le préserver.

En réalité, ainsi, l'on désespère de miser sur toutes les capacités de nos semblables… tout en prenant le risque de les rendre toujours plus divisés, frustrés et agressifs, ce qui nous amènera, irrémédiablement, vers l'impasse sociétale.

Car sous couverture d'aider, de tenter de régler des défis, on oublie la nature fondamentale de l'être humain, qui est SPIRITUELLE… et ses deux propensions naturelles qui devraient toujours être encouragées, comme allant de pair : sa responsabilité personnelle, issue de sa conscience, et sa liberté…, toutes deux à fonction intrinsèque !

En l'omettant, sciemment ou pas, on répercute sans cesse de nouveaux problèmes, en entretenant des conditions humaines, peu honorifiques.

Mon Dieu, qui de nos fameux « dirigeants » sera, un jour, prêt à parier sur l'Humain Supra-Divin ?!... Et sur ses possibilités insoupçonnées à vivre par lui-même, lumineux, heureux, sain de corps et d'esprit et en pleine vitalité joyeuse ?...

L'interdiction est un aveu d'impuissance.

Le visage d'un être qui dit non à l'amour est plus effrayant encore, que mille spectres déchaînés après la mort.

Y-a-t-il pire condamnation que celle de laisser fuir son humanité ?!...

Trouve-t-on stigmate plus horrible que l'aigreur visible d'un visage ?

Bien sûr, vivre d'Amour pour un être qui fait chanter mon cœur, me demande le désir de dépassement de ma nature la plus timide, comme de polir les aspects de mon caractère les plus acariâtres… et cela nécessite aussi, parfois, de renoncer à mes viles attaches !

Mais si le défi est là… le plus beau des défis… je serais apte à le relever !

Je ne rebrousserais pas chemin, face à l'Amour !… S'il se présente, je ne refuserais pas, de façon veule, son invitation ! Au risque de perdre toute substance vitale… et de passer à côté du plus grand des mystères… comme du plus grand des Bonheurs !

Je serai VIVANT !

Cran d'arrêt… ou cran d'aimer ?

Ils se rassurent de leurs leurres, alors que bien souvent, ils en meurent.

J'ai le courage de ne plus vivre d'illusions… car celles-ci toujours me rattrapent et m'emprisonnent, quand la Vérité me délivre, en m'ouvrant de nouvelles perspectives légères !

Si je me mens, je participe aux leurres collectifs…

Et si tout est inventé dans mes relations, elles évoluent, hors des saines énergies de la cohérence.

Or, le bonheur véritable n'est jamais trompeur ! Il s'alimente de transparence, de clarté, d'honnêteté, loin des confusions ambiantes.

Je n'investis plus mon temps sur du factice et du vent.

Je m'enracine dans un réel MAGNIFIQUE !

Je bondis dans la Vraie Vie !

Je ne refuse plus l'harmonie et l'authenticité, auxquelles j'aspire, au fond de moi.

Ma sérénité et mon confort découlent d'une vision, pleinement assumée, de ma nature et de mes désirs véritables.

Seul le Vrai peut créer du Beau !

Vous trompez votre monde, si vous lui faites croire que vous êtes l'image de vous-même.

Les rôles que mes ancêtres m'ont attribué et dans lesquels je me suis laissé enfermer, est-ce vraiment ce que Je Suis ?

Prenons le temps de vérifier l'authenticité de ces registres, sans les condamner.

Car ces rôles m'ont été utiles, un temps ! Ils m'ont, sans doute, permis de mieux me faire accepter face à un environnement hostile, dissuasif ou agressif.

Ils furent même de la survivance, quand ce que j'étais spontanément, fut repoussé avec tellement de force, voire de violence… qu'il m'a bien fallu « tricher » et m'enfermer derrière une coquille, pour pouvoir tenir le coup !

Cet aspect de protection que je renvoie, ensuite, par habitudes – sans m'interroger sur sa provenance – est parfois un leurre pour moi, comme pour les autres.

Je donne des répliques qui ne sont pas les miennes, et je joue une partition qui ne s'harmonise pas avec les mélodies chères à mon cœur.

Alors, j'arrête de m'identifier à cela. J'arrête de croire que j'ai encore besoin de ce « personnage » ! Et, j'apprends, chaque jour, à ajuster mes pensées, mes actes et mes paroles à ce que je ressens VRAIMENT, dans l'instant.

Bien au-delà d'une identité factice issue de mon passé… je me donne la permission totale d'ÊTRE… sans décalage, sans interférence, ni influence.

C'est parce que je m'étais

rencontré,

que j'avais décidé de ne plus me

fréquenter !

Car ce que j'avais vu... ce n'était pas

Moi...

L'humilité permet d'être à la hauteur de l'Amour, quand l'orgueil nous en prive.

L'Amour se construit dans l'humilité de se savoir gagné par les sentiments.

Pour que cela fonctionne en parfaite fluidité, je ne dois pas être trop fier, susceptible, ou rigide dans mes comportements.

Il est périlleux de vouloir, à la fois, être source d'équilibre et élément de discorde !…

S'il y a un ennemi nuisant à l'amour, qui peut balayer tous les acquis divins que deux personnes ont construit, et venir bafouer les merveilleuses sensations qui les ont bercées dans l'allégresse de l'instant…. Cet ennemi, c'est bien le redoutable orgueil !

C'est Lui qui m'empêche de composer un numéro de téléphone parce que j'ai été vexé(e) ou que j'ai eu mal par « sa faute » (et, tout bien considéré, plutôt parce que ma blessure n'était pas franchement refermée !…), c'est encore Lui, qui m'a fait déraper et dire des mots blessants, car mes attentes ont été déçues (alors que je n'avais peut-être même pas su exprimer mes besoins, en pensant que l'autre, nécessairement, se devait d'être devin !…) et c'est toujours Lui qui me prive d'admettre ma vulnérabilité, mes faiblesses, et les transforment parfois en dureté, en tyrannie, en fuite, ou pire… en méchanceté !

Et pourtant, l'Amour, c'est rendre les armes !

C'est me dépouiller de mes vaines prétentions qui me séparent de mon Aimé(e)...

C'est avoir le courage, de casser les affreux barrages érigés par mes défenses excessives, qui me renferment dans mon mutisme, et me laisse seul(e), prostré dans mes positions d'enfant mécontent.

Aimer, c'est se vouer à un être,
dont on n'est jamais l'esclave !

L'Art du secret est nécessaire au déploiement de l'Amour, et à son envol majestueux.

S'il m'arrive un bonheur inespéré, si Cupidon a frappé à ma porte et m'a légué un cadeau précieux… alors les anges m'en supplient : « Garde-le bien pour Toi ! »

Ne l'ébruite pas, ne l'expose pas !… Ne l'offre pas en pâture aux jaloux ou aux envieux, ou aux défaitistes professionnels !

Car tous ceux-là s'empresseront d'y déposer leurs doutes et leur noirceur inconsciente, et mettront parfois même tout en œuvre de bonne foi, afin de me désorienter de mon beau rêve qui, pourtant, est bien réel !…

Je l'ai senti, je l'ai touché de mes propres doigts, j'ai frissonné et j'ai respiré le doux parfum de sa grâce…

Puis-je savoir presser de mes deux mains protectrices, ces doux moments sur mon cœur, et ainsi les préserver !

Tout amour neuf est comme une petite fleur fragile qui pousse délicatement…

Il faut l'entourer de mille précautions, et l'éloigner des marcheurs aux pieds lourds qui pourraient la piétiner par méchanceté, par rejet du bonheur des autres, ou tout simplement par rudesse et manque de tact.

L'Amour s'épanouit dans une lumière céleste, à l'écart des malveillances terrestres !

Je cultive le secret des amours naissants… et je sais, de la sorte, aller à l'inverse des mœurs actuelles, où tout s'affiche et se démontre dans l'étalage inconsidéré et les précipitations les plus confondantes.

Les plus belles réussites

sont à l'abri des yeux du monde !

La Vie est un paradis, pour qui la trouve en soi.

Être rempli d'Amour, pour mon être, me permet d'être à la hauteur !

Je ne suis plus sujet aux vaines quêtes extérieures.

Je relativise tous les prétendus malheurs.

Et je suis enfin apte à ressentir le Vrai Bonheur !

Tant que je recherche, hors de ma sphère interne, les moyens probants d'être heureux, je n'y arrive guère. Car tout ce qui m'entoure est changeant, fluctuant… souvent périssable.

Je reconnais ne pas avoir de prise réelle sur le monde environnant.

Les éléments de vie n'ont, souvent, que faire de mes supplications de moineau… à moins d'être un Christ… l'air, l'eau, la terre et le feu, sont mille fois plus puissants que mes petites intentions !… Ils répondent, davantage, à mes grandes agitations perturbées, aux saccages collectifs éhontés, et aux fortes émanations inconscientes, qu'ils doivent, tôt ou tard, nettoyer des champs terrestres !

Alors je mise sur le seul, vrai, paradis qui tienne… le souffle de Vie, en Moi !

Et je n'attends ni n'espère plus ce paradis dans une autre existence que la mienne…

Vivons la reliance avec nous-même ;
Seule garantie d'un amour réussi !

Faisons tout ce qui ne se fait pas !...

Il faut traverser les illusions pour mieux s'en défaire…

Aujourd'hui, je pourfends les règles établies !

Je fais un pied de nez à la morale… et comme disait Tristan Bernard, « mon moral s'en trouve bien meilleur » !

Je suis délicieusement inconvenant, et malicieusement charmant !

Je désobéis aux lois absurdes. Je vis dans une autre dimension. Je fais tout ce qui est JUSTE pour mon être !… Dans le respect fondamental d'autrui, certes … mais je ne confonds plus cela avec la peur de déranger, avec la crainte du gendarme ou celle de choquer le bien-pensant, ou de bousculer les mœurs des fameux censeurs…

J'avance dans la capacité instinctive de démanteler le sérieux qui se présente à moi, et dans la grâce de toujours esquiver la gravité de ce monde, bien trop souvent composée…

Je me donne des permissions osées, et je m'en trouve revigoré !

Je me permets mes plus belles audaces, et j'en sors ébloui !

Oui, aujourd'hui, je serai libre, ABSOLUMENT !

Et je vous préviens, je n'en ferai qu'à ma fantaisie…

Oublie tout ce que tu croyais être…

Pour devenir la Merveille que Tu Es !

L'Amour n'est pas une compensation, mais toujours, une Célébration !

Passons de la frustration, à la grande célébration !

Annulons tout effet compensatoire et choisissons la pleine SATISFACTION !

Je ne pratique plus l'amour en solde ! J'arrête de me brader !

Et j'aspire à déposer mes plus beaux sentiments à la seule place qu'ils méritent : devant un autel sacré et lumineux où je m'incline, humblement…

Mon Amour évolue là où le désir d'excellence côtoie ma Joie profonde.

Il se vérifie par un présent qui annule toutes nostalgies… et il se nourrit de partages harmonieux, et généreux !

Oui, cela est Vérité… dès l'instant où les « toquards » ont cédé leurs places, pour l'arrivée du Magicien enchanteur !

…et, où les « emmerdeuses » se sont volatilisées, pour laisser s'inviter… la Fée enjôleuse !

Qui a dit que l'amour devait être indéfiniment compliqué, décevant, contrariant, frustrant ou épuisant ?

Qu'il soit banni pour toujours du Royaume, ce prophète de malheur, qui a colporté le plus grand mensonge devant l'Éternel !

L'Amour Vrai célèbre la beauté, l'honneur,

les douceurs et la Joie de l'enfant intérieur...

Nier une attraction, c'est se battre contre l'Univers tout entier !

Il y a tellement d'instants où rien de probant ne se ressent.

Tellement de vieilles compagnies ennuyeuses !

Tant d'êtres qui n'évoquent rien de substantiel, et ne suscitent guère d'émois…

Mais si, soudain, le feu s'attise… si mes yeux s'éclairent… si mon chakra racine s'allume par le simple fait de ta belle énergie ressentie…

Si ma respiration s'ouvre, si nos sourires se dessinent, car mon cœur fait écho au tien… alors, résolument, c'est qu'il est temps de VIVRE !

Et dans ces heures tant souhaitées et enfin là… ne comptez pas sur moi… oh non… ne comptez pas sur moi pour résister à l'évidence, et pour m'alanguir sans réagir !

Non, non, non !… Ne comptez pas sur moi, pour esquiver et pour me mentir !

Je saurai répondre PRÉSENT et être bondissant !… Et en pleine transparence, mon Bonheur Retrouvé… je saurai à Toi m'OFFRIR… avec infiniment de goût et de passion tendre...

Rien ne m'arrêtera…, rien, ni personne… ne m'empêchera de t'AIMER, comme il se doit !

La plus grande déperdition d'énergie
que connaissent deux êtres,
est de résister à l'abandon d'amour
qu'ils éprouvent l'un pour l'autre !

Chaque acte d'amour m'infuse.

En sortant de chez moi, le matin, il est pertinent de m'interroger : « qu'est-ce que je trimballe, aujourd'hui ?! »…

De la mauvaise humeur, parce que le temps est maussade ? Les ruminations de la défaite d'une équipe sportive, les énergies lourdes d'une altercation de la veille ? Les visions pessimistes – et unilatérales – des fameuses « infos » ?…

Comme tout ce que j'émane me revient tôt ou tard, je vais avoir soin de n'entretenir que les pensées les plus exquises, les paroles et émotions les plus soignées, en dépit des circonstances extérieures, ou antérieures !

Plus encore, chacun de mes actes viendra célébrer la dimension d'Amour que je me porte, et que j'entretiens, avec conscience, pour les autres.

C'est ainsi que j'articule puissamment cet espace-temps dans des vibrations favorables, où tout s'harmonise et se déploie, avec grâce.

Même mes cellules s'en trouvent régénérées et embellies de la sorte !

Le bien que j'émets, et que je traduis en gestes concrets, change ma constitution, transforme mon quotidien, et me rend, chaque jour, plus éclatant et rayonnant.

Quand une personne a froid,
ne lui donnez pas de cardigan...
Enveloppez-la d'Amour !

Toute croyance est une restriction.

Si je reste accroché à une croyance ferme à mon sujet, il y a de fortes chances que je sois en plein leurre… car si j'évolue un tantinet, je ne suis pas la même personne que celle d'hier, et je la serai, encore moins, demain !…

Cela est également valable pour tous les protagonistes de ma vie, qui ont par conséquent le droit fondamental de changer d'avis !

Et pour mes idées fondamentales sur ce qui est bien ou non, mal ou pas, condamnable ou vertueux, sur ce qui est digne d'être combattu, ou bien sauvé… n'est-ce pas un peu trop lourd à porter, parfois ? Quel est le poids de tout ceci, face à l'Univers infini ?

Ppfffiouuuu… laissons tomber tout ça ! Allez, assez de combats, d'engagements et de parti pris… c'est épuisant !

La vérité est toujours plus nuancée que je ne me l'étais imaginée.

En cherchant bien, je découvre du très bon dans ce que je réprouvais… et des taches noires dans cet étendard, que je croyais tout immaculé de blanc !…

Alors je préfère désormais à mes croyances un peu préfabriquées, de nouvelles visions se distinguant par leur échelle d'expression plus haute et impartiale.

Et je pratique, avec soin, l'ouverture d'esprit et l'absolu non-jugement qui, toujours, caractérisent les belles personnes évoluées.

Il y a d'autres vérités que ce que les gens nous disent !

Le grand handicap du monde moderne est que les décisionnaires ne sont pas des visionnaires.

Si Dieu arrivait et disait : « Que ceux qui sont à leur vraie place se lèvent ! », beaucoup resteraient le cul entre deux chaises…

Les signes de la fin des temps anciens sont, parmi d'autres, que tout fonctionne de travers ! Peu d'êtres sont réellement efficaces à leur poste… et ceux qui sont aux commandes ne sont visiblement pas très à la hauteur de leur fonction !

Ils n'ont aucune perspective à long terme et, surtout, ils ne voient pas, ou ne veulent pas voir ce qui, irrésistiblement, s'approche…

Ils persistent à faire des lois générales, quand la nature du bonheur est individuelle !

Ils divisent, encore et toujours, pour mieux régner, quand rassembler, unifier dans une saine diversité, s'avère impérieux…

Ils sont sourds et aveugles aux appels des âmes éveillées qui, pourtant, claironnent leurs aspirations immenses à la Liberté et à la Vérité !

Et, dès lors, une fracture inévitable surviendra. Et elle est même, sans doute, déjà là !

Seule une vibration spirituelle incarnée, encouragée et manifestée dans la matière par des êtres courageux – et de plus en plus nombreux ! – , vecteurs d'Amour et de bon sens, créera une bascule vers un monde meilleur...

Les peurs collectives nous ont été
transmises pour nous rendre dépendants...
                    de l'intérêt de quelques-uns !

Face à une attitude rudimentaire, il faut une réponse élémentaire.

Devant une personne qui ne m'entend pas, ne reçoit pas avec objectivité et bonne volonté mes remarques bienveillantes, et peut faire preuve d'une mauvaise foi et d'un manque de respect avérés… que faire ?!

Je ne désire pas être dans la lutte… la plupart du temps, c'est une perte d'énergie.

Alors, sans être dans le combat, je trouve une réponse sans appel, qui parlera pour moi !

On m'appelle, toujours, pour me déprécier ?… Je ne décroche plus le téléphone !

On m'indispose par du bruit de voisinage, en soirée ? J'en fais aussi, joyeusement, à six heures du matin !

Quelqu'un fait crotter, sans cesse, son chien en bas de chez moi ?

Je mets ma poubelle sur son palier.

Je renvoie à l'autre le reflet de ce qu'il m'envoie, car je suis épris d'équilibre !

Puisque la communication classique, franche, naturelle n'a eu aucun effet, je communique d'une façon plus… persuasive.

Face à l'hypocrisie ou au nombrilisme, je fais preuve de justesse et de fermeté, car l'amour n'a rien à gagner à se faire piétiner.

Et cela, en gardant toujours à l'esprit que si je deviens vénéneux et médisant, je perds ma vertu de belle personne consciente.

J'ai l'art de m'affirmer, sans m'emporter !

Bien plus que des amants, soyons des « aimants ».

Je ne souhaite plus que des parts essentielles de mon être restent davantage disséquées et querellées.

L'unification de mes énergies sexuelles et des pulsations de mon être intérieur me donne ma Vraie dimension.

Je déploie mes ailes, dont la force de l'éventail est engendrée par la fusion de mes vibrations charnelles et spirituelles !

Lors d'échanges intimes… au lieu de rechercher par des « techniques » à réussir de vaines « prouesses »…

Je te prends la main… pour y ressentir la Vie qui t'anime et la douce énergie qui la compose, et cela active mon désir de façon naturelle et authentique !

Ce moment Vrai, nous nous le permettons en connectant, ensemble, dans notre entièreté. Nous échangeons, sans fard ni défiance…

La Vie nous montre le chemin… et c'est si bien… quand la parole se joint aux gestes et au cœur.

Alors, COMMUNIONS !...

Cela n'est réalisable que si je ne cherche plus à dupliquer mes petites recettes-plaisirs du passé, et si je m'ouvre à un lien beaucoup plus fort et subtil, en te ressentant, là, maintenant, pleinement, en Moi…

Voici venu le temps NOUVEAU où le sexe se relie à l'énergie consciente !

C'est quand elle est pleinement partagée,

que la Vie prend toute sa dimension !

Flatter n'est pas bien joli, mais se laisser flatter avec complaisance, est plus laid encore...

Certaines personnes confondent aimer se faire flatter, avec savoir se faire aimer !

Elles arrivent aisément à faire se presser toute une cour autour d'elles, car il y a tellement de faibles arrivistes et assoiffés, en ce bas monde...

Et qu'est-ce qui achètent le plus les gens, sinon l'argent ?

Ceux qui ont du pouvoir et des moyens financiers, sans une once d'éthique et de respect personnel, s'attirent la flagornerie de personnes intéressées de tout poil... et plus leur cour s'agrandit, plus elles semblent s'en enorgueillir.

La moquerie est laide, mais la flatterie l'est tout autant, car elles sortent toutes deux des sentiers de la justesse et de la délicatesse.

Quand on aime une personne, on aime la complimenter et la valoriser, sincèrement !

Quand on est apprécié par intérêt, et qu'on encourage cela, comment peut-on entretenir une image saine de soi-même ?

Dans le domaine de la flatterie, tout sonne faux et s'assèche, un jour ou l'autre...

La vraie Amitié est, toujours, issue du cœur, et elle s'organise sans calcul. Elle tient dans une haute estime la personne concernée, et émet, sans hésiter, un discours d'honnêteté vis-à-vis d'elle. C'est à ces beaux critères qu'elle se vérifie.

Abreuvons-nous plutôt à une source d'eau claire, authentique, adamantine… et conductrice d'émancipation !

L'Amour ne supporte pas la parodie,
mais la flatterie s'en accommode...

L'Amour est un fluide généreux,
qui s'écoule librement.

Voilà une définition intéressante de ce sentiment que l'on méconnait, le plus souvent.

L'amour Vrai n'est jamais mesquin, ou restreint.

Il ne se conditionne, ne se renferme, ni même ne s'oriente.

Il suit l'énergie et le ressenti de l'instant, sans hâte, sans réflexions parasites, ou attentes programmées.

En fait l'Amour se respire… il se hume et s'enivre de toute la douceur promise.

Il ne calcule pas, mais est néanmoins vigilant à s'installer dans un cocon ouaté, sur mesure, composé d'équilibre sain.

Car il est large… mais pas inconscient ! Alors il surveille son quota d'énergie, et veille à toujours donner, sans jamais s'épuiser.

Et, bien entendu, il ne se laisse jamais contrôler ! L'Amour se danse dans la liberté…

Il n'aspire pas au mariage, dans le sens habituel du terme ! Il n'en a nul besoin…

L'Amour crée, de lui-même, un lien fort, par choix conscient ; et sa signature est de s'entourer de mille précautions et raffinements, sans la moindre pression.

Il ne se sent jamais sale ou inconvenant dans ses élans, et il ne réprime rien de sa divine nature.

Rien n'est condamnable à ses yeux, sinon, peut-être… l'impolitesse… et la fadeur.

La seule faute… c'est l'absence de charme !

Ne sauvez pas la vie des gens, sinon ils voudront se venger !

Si mon empathie est trop teintée de sensiblerie, elle peut me conduire à me croire responsable, voire coupable, des malheurs de celles et ceux qui m'entourent.

En croyant qu'il est de mon devoir de détourner ces êtres du « mauvais » chemin, et de leur éviter tous les désagréments possibles… je deviens, alors, ce sauveur qui souffre, parce qu'il se persuade que certains pourraient être plus heureux, s'il intervenait en leur faveur…

Or, aider vraiment, ne signifie jamais faire de l'interventionnisme dans la vie des gens, en bafouant leur rythme, en voulant modifier leur croyance, ou en les contraignant à prendre une direction souhaitée…

C'est même, tout l'inverse !

En agissant ainsi, non seulement, je n'aurais guère de résultats à la fin, mais je risque de me faire du mal. N'oublions pas qu'en voulant empêcher une personne qui fonce, de se prendre un mur, cela revient à me positionner entre le mur et elle !… Et comme elle ne s'arrêtera pas, si tel est son souhait fervent, je prendrais le mur, moi aussi !

L'erreur est de dire à la place des autres les évidences qui doivent rester les leurs.

Accepter que mes proches vivent, au bon moment, les expériences justes à leur évolution et leurs prises de conscience, et ne pas interférer dans leur parcours, est vœu de sagesse.

Nous pouvons inspirer les formes du bonheur et ses ressorts, mais n'oublions pas qu'ils sont avant tout des créations, des responsabilités, et des rebonds individuels !

Si je cherche à convaincre, c'est que je doute, encore !

Avoir le courage de dire la vérité... en évitant soigneusement de la dire tout entière !

Je ne suis plus le petit enfant qui doit impérativement dévoiler avec force détails, chacun de ses comportements, à papa et à maman.

J'ai le droit d'avoir un jardin secret ! Cela est même sain, pour ma quiétude d'esprit.

Car je prends conscience qu'on ne peut pas tout raconter à tout le monde !

Beaucoup ne sont pas encore prêts à entendre… sans juger, sans se sentir ébranlés, attaqués ou dépréciés par des orientations qui, pourtant, ne concernent que moi.

Si je m'étale dans mes propos, voilà que l'autre me pressera de changer pour le rassurer, ou me demandera de me justifier…

Et je serai assommé !… Pouh ! Évitons-nous cela ! Ne pas me sentir obligé de tout dire, me tient soigneusement à l'écart d'une déperdition de temps et d'énergie que je saurai garder précieusement, au profit de mes belles priorités…

Répondre trop ouvertement – et naïvement – aux questions d'une personne mal attentionnée, jalouse ou médisante… peut me valoir d'essuyer des remarques saccageuses, à l'encontre de mes rêves !

Mieux vaut les épargner, bien sagement… en cultivant l'esquive et la discrétion !

L'expression libre de notre puissance,

gêne toujours ceux

qui ne l'ont pas encore assumée en eux !

Ne jamais rien proscrire de sa vie, au risque de le voir réapparaître par surprise...

Pour moins souffrir après une expérience relationnelle, je décide de trancher radicalement avec mon « ex », en adoptant la méthode du « déni-grement ».

Je coupe les ponts ! J'opte pour la façon expéditive, voire punitive, du rejet de ce qui a pourtant été…

Mais est-ce qu'il (elle) est vraiment parti(e) ? Est-ce qu'il m'a suffit d'un simple coup de balais pour le (la) faire cesser d'exister ?

Hummm ?… Est-ce que je m'immunise à la douleur en effaçant toutes les traces de ce qui est, encore secrètement, tapis au fond de moi ?

Est-ce qu'il ne vaudrait pas mieux remercier et louer cette personne… et lui dire combien cela a été beau et précieux ?…

Car même si ce fut difficile par certains aspects, même si ça s'est soldé par une déception, je ne renie pas ce que j'ai aimé.

J'auréole chaque souvenir de Nous, de la bienveillance méritée.

Il n'est pas bon de ruminer !... La clarté des belles choses dites et entendues font du bien au cœur et à l'âme.

Plutôt que de vouloir les éradiquer, mieux vaut sanctifier ces doux moments, car ils seront toujours, quelque part, logés en mon cœur…

La préciosité
d'une relation se
trouve dans la conscience
qu'elle n'est jamais,
totalement,
acquise !

Le contentement est issu du consentement.

Ce n'est pas parce que je pratique déjà une petite recette bien-être, que je ne peux pas en découvrir quantité d'autres !…

Si l'on désire m'accabler au sort « terrible » d'une personne comblée, je dois y mettre, aussi, un peu du mien…

En m'ouvrant à la possibilité de recevoir, de façon plus grande.

Ou, tout simplement, en ayant le courage de recevoir à nouveau !

Suite à une vive blessure, j'ai pu me refermer complètement… par peur naturelle de souffrir, encore une fois.

Si hier, ceci a été nécessaire…, dans la vie nouvelle cela doit prendre fin.

Je ne suis plus ici pour survivre… mais pour Vivre VRAIMENT !

Sans mon plein accord à la possibilité merveilleuse d'être aidé et choyé, comment puis-je être contenté ?

Sans ma vigilance à ne pas venir saboter les bontés qui me sont offertes, comment pourrais-je être satisfait ?

J'accepte que je ne peux pas être gratifié par la Nouveauté, sans bousculer mes petites habitudes et mon petit confort, et sans lâcher mon besoin impérieux de tout contrôler.

En se barricadant,
on pense que plus rien ne peut nous arriver.

Seulement, on oublie qu'ainsi,
            il ne peut plus rien nous arriver...

DU TOUT !

Chercher à plaire est la séduction du pauvre.

Plaire est un don… peut-être, l'un des plus merveilleux !

Il est grandement favorisé chez les personnes naturelles, spontanées, qui ont une belle estime d'elles-mêmes et un beau sens de l'humour.

Mais le besoin de plaire, en permanence, asservit l'âme !

Il nous impose de construire une personnalité totalement fabriquée aux yeux des autres.

Ce n'est que le jour où l'on s'en libère, que l'on peut retrouver sa quiétude d'esprit.

Avant cela, on a de cesse de se plier aux désirs et aux attentes de celles et ceux dont on souhaite obtenir de l'attention.

Et si cela peut parfois être effectué de bon cœur, s'y conditionner constamment… peut être très dommageable pour nos nerfs ! Car notre insatisfaction de ne pas pouvoir être pleinement nous-mêmes, et même souvent notre colère d'y renoncer, gronde en sous-jacent, et un mauvais jour, elle peut exploser au visage de l'autre, sous un prétexte imprévisible…

Mieux vaut être aimé, de loin, pour ce que l'on est !…
Que d'être aimé, de près, pour ce qu'on n'est pas…

Et misons sur une attraction fluide et évidente, si l'on désire se donner toutes les chances de vivre un équilibre harmonieux, au sein d'une belle relation pacifiée, et non falsifiée.

Calculer pour gagner de l'intérêt
annonce, déjà, l'aveu amer d'une défaite !

La Liberté est à la Source d'une vie Magnifiée.

Vive le Royaume où le Tout préside, et où l'Amour et la Liberté sont les deux seules règles intangibles !

Qui se laisse contraindre et posséder, en abandonnant sa suprématie personnelle, est très facilement vaincu…

Qui avance des arguments pour justifier l'emprisonnement des individus est, probablement, déjà vendu !

Mais qui observe attentivement l'Univers, qui n'est point figé, mais en expansion, sait très bien que la nature même de l'existence est dans le mouvement !…

Qu'on le veuille ou non, l'Amour ne peut aller de pair qu'avec la Liberté.

Ce sont les deux sœurs devant l'Éternel, les deux étoiles solaires incontournables et piliers de toute galaxie, bénie par le Créateur…

Là où la liberté geint, l'amour s'étouffe !…

Mais là où la liberté rayonne… se crée mille faisceaux de lumières régénérants et pénétrants pour le monde et les êtres.

Une relation emplie d'énergie nouvelle,
se vit dans un enrichissement mutuel,
sans aucun enfermement usuel.

Il y a des expériences, auxquelles on ne peut pas se soustraire !

On les devine par leur enjeu particulier, qui nous met, parfois, sous tension…

Fort heureusement, on peut trouver une grande exaltation à les traverser ! Surtout, si l'on admet, qu'il y a beaucoup à gagner à relever un défi impérieux.

Si je fuis une expérience, elle se représentera, tôt ou tard, sur mon chemin.

Et si l'une d'entre elles m'est devenue incontournable, c'est que j'ai créé, souvent inconsciemment, toutes les conditions parfaites de son avènement…

Il en est de même pour le collectif. Tous ensemble, si nous avons fait preuve d'avancées probantes et constructives… voilà qu'un magnifique édifice d'intégration, peut enfin voir le jour !

Et, tout pareillement, si nous nous sommes évertués à saccager bon nombre d'éléments vitaux à notre équilibre, un effondrement s'ensuit.

Des causes, et des effets !

La bonne nouvelle, dans ce processus de vie, c'est que nous pouvons rendre inévitables pour demain, de nouvelles réalités, pour nous et pour le monde, que nous favoriserons de plus en plus, en pleine conscience, dans leurs dimensions bienfaitrices et apaisantes.

Et il en fut ainsi !

J'accueille et je vis.
Je vibre, et cela est.

Pourquoi penser qu'il me faille toujours endurer, pour mieux réussir ?

Est-ce que cela n'aurait pas davantage rapport avec ma capacité d'ACCUEILLIR ?...

Si je suis dans l'attente d'un bonheur conditionné, je le laisse, à coup sûr, s'évaporer !

Toute satisfaction basée sur l'extérieur est vacillante...

Mon allégresse, ma sérénité, se trouvent plutôt dans ma capacité à ne rien attendre de figé, pour ouvrir TOUS les champs du possible.

Pour être heureux, je dois me nourrir de l'émerveillement silencieux des petits miracles de la vie, que je ne perçois que rarement dans l'agitation du mental.

La Joie se puise dans ma pleine connexion avec le moment présent, qui recèle de merveilleuses surprises, dès que je lâche prise avec mes idées programmées.

Les plus belles choses sont toujours inattendues !...

Et ma Joie est amplifiée... en reconnaissant et en stimulant l'énergie qui me fait VIBRER !

Dès que ma pulsation interne est haute et légère, je rentre dans un processus d'ancrage de ma réalité, dans ses valeurs les plus élevées et ses facteurs les plus favorisés...

Savourons le fait d'être vivant, en se laissant aller, très simplement !

L'âme se régénère sur l'instant,
sans aucun programme préétabli.

Il suffit d'ouvrir son cœur, pour s'apercevoir que la Vie conspire à l'Amour.

Cela est difficile à concevoir, parfois, quand la souffrance nous enserre. Quand on est mains et pieds liés dans une situation, dont il nous semble impossible de s'extraire.

Alors, nous nous sentons accablés… maudits par le sort !

Nous en voulons à la terre entière, et parfois même au Dieu des cieux, de nous avoir abandonné à un circuit de vie aux rouages enchevêtrés inextricables. Du moins, c'est ce que nous croyons.

Or, il n'en est rien !

Le Père / Mère des hommes ne nous oublie jamais ! Mais dans son omniscience, il peut accorder à notre âme le privilège de grandir à travers une épreuve aux apparences, certes, insurmontables… mais qui portent en elles une potentialité de résolutions et de guérisons extraordinaires sur nos chemins de vies !

Une fois nos comptes soldés, le contexte bien intégré et le pardon donné, le cœur pourra refleurir à son aise et distribuer, à nouveau, ses offrandes en confiance.

Un beau jour, tout nous apparaîtra avec grande simplicité, dans son infinie beauté et sa profonde clarté.

Rien de mieux que le contraste, pour y voir clair !

Tout instant de vérité
a un parfum d'éternité.

J'aime quand les choses et les êtres semblent, tout-à-coup, suspendus dans l'air, pour une pause teintée d'absolue…

Cela arrive toujours, sans prévenir, quand je me sens en communion avec le Grand Tout Universel, bien loin des affres du mental et de l'agitation émotionnelle que je côtoie encore, trop souvent !

Cet oiseau qui plane sous mes yeux, m'appelle à vivre, léger…

Cette pluie qui ruissèle, m'invite à faire couler mes émotions…

Le regard doux de cet animal, vient réveiller ma tendresse endormie…

Et ces fleurs du printemps me parlent de renouveau et de fraîcheur !…

Si je regarde vraiment, et si j'écoute, absolument… alors toute la poésie du monde communique avec mon histoire personnelle et soudain, tout prend sens !

Quand j'arrête de courir et de me brusquer, j'absorbe, sans résistance, le message que la Vie m'envoie.

Et je ressens que cet instant magique, vibre en moi, pour l'éternité.

La spiritualité se vit dans la communion du silence ;
Bien plus que dans de longs et savants discours !

Si tu me prends du pouvoir, tu m'enlèves de l'amour.

Encore jeune enfant, j'ai eu, un jour, l'idée absurde de confectionner une laisse pour mon chat à la nature sauvage. Je courrais après l'illusion qu'il ne soit rien qu'à moi… et que je puisse le mener à ma guise, plutôt que de l'observer avec désolation, s'échapper de mes bras.

Une fois la chose faite, arriva l'inéluctable : laisse au cou, il a disparu avec fougue, comme toutes les fois précédentes ! Seulement, cette fois-ci, il semblait s'être enfui pour de bon ! Ce chat, que j'adorais, nous laissait, mes parents, mon frère et moi, sans nouvelles.

Un, deux jours passèrent, sans qu'il ne fût de retour, ce qui était très inhabituel et inquiétant.

Je décidais de partir à sa recherche. Je circulais dans les bois aux alentours et sillonnais les espaces extérieurs des propriétés voisines, où je réussissais à rentrer de manière transgressive, (nous habitions en pleine campagne…), mais sans résultats.
Car il pouvait bien entendu être n'importe où ! Je l'appelais par des « minou minou » implorants, auxquels il répondait d'ordinaire si promptement, sans que cette fois-ci, rien n'y fasse écho.

Je commençais à ressentir l'effroi sentiment d'avoir été la cause de cette absence – et peut-être même de son malheur – en lui mettant ce satané collier à lui, ce chat incroyable, dont le caractère était si intrépide ! Je rentrais bredouille, en constatant amèrement que, malgré mes efforts, il ne revenait pas.

J'ai eu honte de moi.

Saisi par une volonté désespérée, je repartis le troisième jour, chancelant, à sa recherche. Je me souviens être allé dans un endroit inhabituel, en déambulant et en l'appelant, sans trop y croire. Quand soudain, en réponse à mes « minou minou », il m'a semblé entendre un très faible miaulement. Je ne voyais rien, en tournant la tête, sinon un amas de ronces et de buissons près d'une clairière. En l'appelant avec ferveur, j'ai réalisé, en l'entendant à nouveau, que c'était bien lui ! Il me répondait... faiblement... mais il me répondait !

J'avançais à tâtons en me laissant guider par le son, et le découvrit finalement, pris au piège, dans les feuillages et les ronces !...

La ficelle que je lui avais mise s'était enroulée le long de branches touffus et il était là, avachi, dissimulé de tous les regards... ne pouvant se libérer et au bord de l'épuisement. Mais, grâce à Dieu Tout Puissant, il était encore vivant ! Je l'ai libéré aussitôt, en tremblant, et ramené dans mes bras à la maison, en sanglotant.

Je l'avais sauvé in extrémis, après avoir failli causer sa perte ! En lui enlevant ce maudit collier et cette laisse ridicule, j'ai intégré l'une de mes plus belles leçons de vie.

On n'enchaîne pas ceux que l'on aime.
On ne désire pas les contrôler, au risque de les voir nous quitter.

Souhaiter annuler le pouvoir inné d'indépendance de nos Ami(e)s de cœur, est une des pulsions les plus dévastatrices ! Merci au destin de m'avoir fait vivre cette expérience poignante qui me permet, aujourd'hui, de vous lancer avec conviction : si vous aimez un être, laissez-le aller, laissez-le partir et revenir, quand il le souhaite !

Et, chérissez, plus que tout, sa Liberté.

Liberté Chérie,
Sois de mes Amies !

Liberté Bénie,
Le choix de mes Amis.

L'homme efficace enveloppe avec douceur l'extérieur, et saisit, avec vigueur, l'intérieur !

Je désire être cet homme. De toute mes dimensions d'être !

J'ajuste l'équilibre de mes polarités masculines et féminines, pour pouvoir combler sans jamais heurter. Je puise ma force dans la douceur ! Et ma virilité se vit avec passion, quand nos esprits et nos corps s'y accordent, sans désaccord.

J'aime avec ardeur, et je protège avec délicatesse !

J'entoure de milles soins chatoyants et d'attentions délicates, celle que je chéris.

J'écoute attentivement son rythme, tout en respectant le mien.

Je danse des vœux d'Amour, dans l'unification de nos énergies sacrées.

> Je fonds en elle, pour mieux renaître !

Je vis l'extase de l'oubli de moi, au profit d'une dimension tellement plus vaste, qu'elle est indescriptible par de simples mots. Je salue la divinité en NOUS, et je la fais vibrer en douces vaguelettes de lumière, se propageant dans tout l'Univers !

Je communie. Je sanctifie. Je vis une douce montée paroxysmale, qui s'ensuit d'un relâchement absolu ! Et je me sens tellement bien…

Car je la sens… HEUREUSE !

> *Ce n'est pas grave, c'est juste du bonheur !…*

La seule différence
entre Dieu et Nous, c'est le doute.

Rappelons-nous, souvenons-nous…
que nous sommes, l'intégralité de l'Univers !

La peur de manquer ou de perdre, est issue du mental humain et non pas de l'Esprit Divin !...

« En tant qu'être SOUVERAIN, tout m'est réalisable, par l'entremise de ma Foi active. Je peux dominer, et triompher, de chaque situation !
Par la force de mon Amour, par la nourriture enveloppante de mon Verbe, par ma Supra-conscience manifestée, me libérant de toutes mes prisons cachées…

JE VIS, ICI – ET JE VIVIFIE – MA DIVINITÉ !

Qu'il en soit ainsi ! »

On commence à percevoir la magie de l'existence, le jour où l'on réalise, que la Source d'Amour nous parle sans cesse, dans des signaux divers et variés... qu'elle nous adresse par les prismes de la nature, de la lumière et des nuages... comme par les évènements qui nous touchent ou les êtres qui nous entourent. En accueillant, et en conscientisant leur raison d'être, il devient évident, un beau jour, que la Vie est notre alliée... et qu'elle souhaite nous guider sur le chemin de la réconciliation, de la guérison, et de la communion.

La désobéissance me paraît l'élément premier, d'une vie de sagesse.

Ce qui nous correspond est rarement ce que d'autres ont perçu, ou voulu, pour nous…

C'est plutôt ce qui découle de mon essence vibratoire. Ce qui coule de source !

Et ce n'est pas au monde extérieur de le définir, mais à mon cœur de le proclamer !!

– et l'Univers, par une résonance parfaite, y répondra. –

Un mode de vie réussi n'est jamais se conformer, se rabougrir, et encore moins se mentir… mais bien à l'inverse, c'est d'identifier du dedans, le « JE SUIS », et de rayonner sa fréquence partout, en tout lieu !

Lorsque je Me reconnais et m'assume, alors toutes les forces de Vie me valident et me soutiennent !

Pour parfaire son destin, il faut avoir le courage de renverser les vaines obligations et les contraintes stériles que la société, l'éducation, voire même nos parents ou amant(e)s, ont cherché à nous imposer…

La docilité est un trait de caractère, souvent fort éloignée de la femme ou de l'homme qui trace sa route, en parfaite indépendance, pour mener à bien sa légende personnelle.

On ne devient pas Maître

en s'excusant...

Mais en s'assumant !

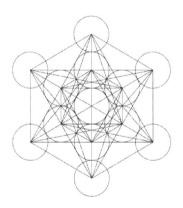

La Grâce ne s'achète pas mais s'octroie, par désir d'amour.

Ils souhaitent être les rois du monde, en monnayant à leur guise !

Ils sont, à ce sujet, intimement convaincus que l'argent, quand il coule à flot, permet d'obtenir tout ce que l'on veut…

Ils oublient que la GRÂCE n'est ni domptable, ni achetable !

Elle répond à des injonctions qui leur échappent…

Elle peut se mettre en veille, quelquefois… mais elle se rappelle toujours à revenir à sa Source !

Elle restera insaisissable et s'envolera, bien malgré eux, loin de leurs convoitises…

La Grâce se manifeste comme la récompense d'une propension à vivre d'amour – et pour l'Amour – depuis des temps immémoriaux…

Les froids calculs d'une vie temporelle l'indiffèrent.

Elle est pure essence du Sacré.

*Le mystère est l'une des vertus
les plus récompensées en Amour.*

Le vrai talent encourage toujours le talent des autres.

C'est la marque de fabrique des grands ! Les personnes les plus talentueuses, et qui sont dans le cœur, vont repérer le talent des autres et s'évertuer à le faire fructifier, généreusement.

Les autres voudront toujours se tirer la couverture, en ne manquant jamais l'occasion piteuse d'écraser leurs semblables pour, pensent-ils, mieux se mettre en valeur… alors, qu'en réalité, ils se ternissent le cœur et l'âme !

Mais intéressons-nous ici à la conscience nouvelle, qui vit cette évidence : plus je fais réussir les êtres autour de moi, plus je réussis !... Plus je dépose des marques d'encouragement et de douceur chez des personnes fréquentées, plus l'Univers me renvoie ses facteurs, de façon démultipliée !

Je participe au grand cycle de la chaîne humaine… où l'autre est une part de moi-même ! Et tout ce que j'y dépose fleurit ensuite dans ma propre vie… car il n'y a qu'un seul et même jardin, en Vérité… et la récolte joyeuse doit être distribuée abondamment à tous, pour que la Victoire soit complète !

Oui, j'aime participer à l'éclosion du Meilleur en chacun.

Ma participation à toujours valoriser mes frères et sœurs me bonifie, et me donne le sentiment précieux d'être une belle personne.

Quand on a un talent haut,
il est juste de se pourvoir...

d'une vision à son niveau !

Briller, comme un soleil, est très mal vu dans un nid de taupes !

J'ai pris conscience que ma lumière intérieure pouvait brusquer, voire parfois offenser, celui qui vivait dans l'ombre de lui-même et de la Vie Vraie.

J'ai beaucoup dérangé. Et c'était parfait !

Par différence vibratoire, cela m'a permis de me reconnaître dans ma réalité, et de m'affirmer dans mon unicité.

Cela m'a grandement motivé à faire des choix forts, en faveur de mon âme.

Mais, inévitablement, un jour, j'ai cessé la provocation. J'ai laissé les taupes, les rats, renards et autres pastiches de moutons, dans les allées cafardeuses de leur destin…

…pour avancer vers la Lumière de mon être ! Avec tous ceux qui, comme moi, ont comme seul guide et Maître, leur étoile céleste et irradiante !

Il m'est apparu évident que j'allais à rebours, si je n'allais pas à ma rencontre.

J'ai opté pour la cohérence, le naturel léger, les évidences et la simplicité…

J'ai choisi de faire briller tous mes feux, dans des contextes harmonieux !

Ma joie de vivre n'est pas négociable !

L'évolution est une œuvre de patience, avec fortes récompenses.

Quand on lâche prise, sans volonté d'attentes ou de résultats immédiats, tout devient subitement possible.

L'Univers millimétré n'aime pas trop que l'on précipite les évènements, ou que l'on cherche à les contraindre…

Tout se cale, dès que nous sommes prêts à accueillir le présent, nous murmure à l'oreille le Grand Horloger !

C'est cela, faire preuve de sagesse. Nous pouvons trépigner ou nous morfondre en hiver, ce n'est pas ainsi qu'arrivera plus vite le printemps !

Et, si un blocage dans nos vies survient… faisons, là encore, confiance aux paliers d'évolutions graduels ! Inutile de se faire violence… tout se libère, en temps et en heure, sans heurts.

Le Seigneur Tout Puissant aime les gens patients.

Et il sait récompenser ceux qui se sont libérés du besoin compulsif de vouloir contrôler le temps, tout comme du penchant de vouloir diriger les êtres…

J'ai appris la patience… très, très, très…

trèèèèèèès lentement !

Le monde extérieur est le reflet de ma vie intérieure.

J'arrête, sur-le-champ, de trépigner, en me plaignant que les circonstances de mon existence ne me conviennent pas.

Je conscientise que se manifeste uniquement à l'extérieur, ce que j'ai préalablement accepté, en parfait accord du dedans !

Si ce que je vois ou ce que j'entends tout autour, ne me convient pas… ou bien me frustre… ou m'énerve copieusement, allons chercher la correspondance de ces facteurs à l'intérieur de soi.

Nul doute que se trouve là, une vibration similaire à ce que je perçois, dont il va me falloir modifier la tonalité, si je ne veux pas que sa fréquence se répète indéfiniment !

Ce que je dénonce, n'est souvent que l'aspect criant d'une blessure en moi, que je me refuse à entendre…

Et si je connecte aux tenants du problème, alors j'attire ses aboutissants !

Mais tout se transforme à partir du moment où je réalise que je suis l'acteur du changement, et que le répertoire que je joue doit uniquement être en faveur de la distribution du premier rôle de ma vie !

Cette Vie, qui est d'une simplicité merveilleuse !

Tout ce qui se présente est cadeau. Car l'Univers sait très bien ce dont j'ai besoin.

Mais il me met toujours au défi de dépasser ce qui me crée une crispation, en atteignant un nouveau plan de conscience plus allégé.

Les réponses ne découleront jamais de mes agitations répétées, mais de ma nature Vraie, pleinement reconnue dans ses aspirations profondes, et guérie de toutes les plaies de ses mémoires enfouies.

Il faut cultiver l'être intérieur, pour aimer le silence.

Je me nourris de l'opinion d'autrui, sans jamais m'y enchaîner.

J'aime m'enrichir en m'ouvrant à toutes les perspectives intéressantes, et les apports joyeux et inspirés que me procurent les êtres qui m'entourent.

Mais me laisser influencer et dévier hors de mon axe d'équilibre par une tierce personne, est irrecevable !

J'ai soin d'entretenir ma belle indépendance, car je suis un être LIBRE et RAYONNANT !

En définitive, c'est toujours à ma voix intérieure de m'inspirer la direction claire et parfaitement ajustée à ma vibration individuelle.

C'est l'Esprit en moi qui me souffle la Voie, je ne suis pas le pantin articulé par les manœuvres intéressées de gurus de pacotille.

Je ne suis point l'esclave des leurres et des illusions !

Et, comme tout est reflet, une fois calé dans mon axe, les êtres que je fréquente sont fiables, eux-aussi… et non pas changeants à la moindre occasion.

Si vous n'avez pas confronté certaines personnes aux choix liés au sexe ou à l'argent, vous ne pouvez affirmer les connaître...

Ponctuer sa vie
de parenthèses enchantées !

Régulièrement je diffère les échéances, j'explose les contraintes, et j'évince toutes surcharges !

Cela est important, non seulement au maintien de ma forme, mais aussi pour renouveler ma joie de vivre dans un monde, trop souvent, pressurisant.

Je rêve de nouvelles possibilités enthousiasmantes et je les appelle, de par mon imaginaire fertile, et je m'en donne toutes les possibilités concrètes !

En fait, je fais de la féerie, ma priorité motivante et régulière !

Et de la sorte, je vis de façon ahurissante et éblouissante ce que le quidam résigné ne pourra même jamais, seulement, concevoir ou appréhender… le pauvre !

Pour cela, je sais bichonner le(a) complice de jeu parfait(e)… afin qu'elle (il) ait toutes les dispositions favorables pour vouloir installer avec moi les rendez-vous festifs qui nous enchantent, et nous caressent l'âme !

Merci la Vie ! Car, elle m'a enseigné que… quel que soit le niveau de rigueur atteint, mon degré de responsabilité ou mes challenges en cours…

Je ne dois jamais oublier...

de TOUT oublier !

C'est sur le jeu et la légèreté, que se forgent les plus beaux souvenirs de la Vie.

Quand j'ai une peine qui me submerge, que je ressens une peur panique, je peux être quasi certain que c'est l'une de mes blessures d'enfant – ravivée par une expérience récente – qui refait surface…

C'est alors le signal qu'il convient de transmuter tout ce poids accumulé du passé.

Il est crucial de me libérer des empreintes négatives et des attaches illusoires de mes sous-personnalités, emprisonnées dans leurs chocs sclérosants.

Il est bon de redevenir vierge, et pur !

Cela me permet, ensuite, de redonner la totale permission à mon enfant intérieur de retrouver les terrains de jeux qui sont les siens, sans aucune dépréciation ou jugement de ma part, sur la portée de ses instants d'allégresse …

Bien au contraire, je les vois, et je les chéris, comme des cures de jouvence et de délicieuses occasions de régénération, favorisant mon bien-être !

J'aime tout ce qui fait chanter mon cœur et l'émerveille !...

Ne pas s'alléger, est un choix lourd de conséquences…

Viser la légèreté – et s'en donner les moyens – est un chemin de conscience.

C'est toujours dans le léger…
que l'on se retrouve vitalisé !

Je transcende chaque petit pas de mon existence !

La transcendance, c'est la capacité de vivre nos expériences humaines à un degré qui n'est pas seulement terrestre, mais aussi… céleste !

C'est ce que l'intellect ne peut pas comprendre, ce que le degré émotionnel, seul, ne peut pas ressentir, ce que le marchand ne peut pas vendre et ce que le sexuel, platement pulsionnel, ne peut jamais connaître !…

Vivre la transcendance, c'est vibrer haut et fort ! Et connecter à tout ce qui élève l'âme.

C'est se nourrir d'excellence… mais pas d'une excellence égotique… car la vraie sera toujours insufflée par une vibration spirituelle qui vise à l'unité, à la réconciliation, au pardon et à la justice immanente.

C'est être inspiré par l'Esprit Saint qui nous pousse à ressentir en beauté, en clarté et en présence, chacun de nos petits pas, ici-bas.

On est transcendé, quand on est un vecteur de reliance terre-ciel, au quotidien.

C'est l'incarnation du JE SUIS DIVIN.

Qu'est-ce qui est moteur de bénédictions et de prodiges ?... C'est la grâce !

Or, cette grâce, qui est en moi, est également l'essence même de l'UNIVERS ; si je connecte à Elle, en pleine conscience et intensément, je me mets alors à danser à l'unisson, avec la symphonie du GRAND TOUT.

Et c'est ainsi, que tout dans ma vie... devient Miracle !

Le monde extérieur divise,
le monde intérieur unifie.

La solution, c'est aimer.

Aujourd'hui, je souris... car je regarde les hommes comme des enfants.

Ils ne savent pas qu'ils peuvent être grands.

L'Amour les fait se gausser.

Et, pourtant...

S'ils savaient...

Leur amour, souvent latent, potentiellement puissant...

... n'attend qu'un signe, qu'un souffle, pour se vivre, enfin !

Je suis Le Signe.

Je suis Le Souffle.

JE SUIS

Un Merci du cœur !

Pour terminer ce livre, j'ai envie de remercier… tout le monde !

Tous ceux qui ont croisé ma route… avec qui j'ai échangé, l'espace d'un instant, une petite phrase anodine ou amusante… ou partagé un décor ajusté ou bien un peu branlant ! Et, bien sûr, celles et ceux avec qui j'ai eu la chance de vivre de mirifiques expériences, éternellement lovées en mon âme… sans oublier les personnes avec lesquelles j'ai traversé des épreuves à l'allure, parfois, interminable, et qui me semblaient, jadis, imposées !…

Merci à toutes, et à tous !

Car je sais aujourd'hui, que rien n'est arrivé « par hasard ».

Le hasard, c'est ce qu'on ne devine pas encore.

En ce jour de grande réalité… tout m'apparaît, enfin, dévoilé !

C'est ce que je vous souhaite, à vous aussi… des révélations réconfortantes, et la réconciliation plénière avec votre histoire… qui mène, tôt ou tard, à la célébration éblouissante de Qui Vous Êtes !

Oui, en ce jour béni, toute ma Vie me semble porteuse de sens…
 …et elle rejoint, comme par magie, la Vôtre !

Car, je le sens… je le sais… nous sommes UN !

Philippe David – 2021

Les mots que je préfère...

sont ceux que Tu souffles en mon cœur, mon Frère...

et qui me rappellent toujours à la pleine conscience

de l'éternelle beauté et magie de la Vie !

P.S. *Je ne te l'ai jamais dit, mon Ami(e)...*
Car j'avais peur...

Mais je t'aime !...

Printed in Poland
by Amazon Fulfillment
Poland Sp. z o.o., Wrocław

26137671R00142